Salahddine Krit

A arte da análise de ondas na negociação

Salahddine Krit

A arte da análise de ondas na negociação

ScienciaScripts

Imprint

Cover image: www.ingimage.com

This book is a translation from the original published under ISBN 978-620-7-48012-8.

Publisher:
Sciencia Scripts
is a trademark of
Dodo Books Indian Ocean Ltd. and OmniScriptum S.R.L publishing group

120 High Road, East Finchley, London, N2 9ED, United Kingdom
Str. Armeneasca 28/1, office 1, Chisinau MD-2012, Republic of Moldova, Europe
Printed at: see last page
ISBN: 978-620-8-35426-8

ÍNDICE DE CONTEÚDOS

Capítulo 1: Introdução às ondas de mercado 5
Capítulo 2: A psicologia dos ciclos de mercado 34
Capítulo 3: A importância dos padrões gráficos na negociação 56
Referências 87

1. Introdução à análise ondulatória

A primeira coisa que precisa de ser mencionada quando se fala de análise de ondas na negociação é que temos ondas de Elliott e temos ondas de ciclo. As ondas de Elliott têm uma estrutura de três ondas, mas fazem parte de um ciclo. As ondas de ciclo são clássicas em mercados unidireccionais, mas nestas situações, a análise de ondas pode ser aplicada para identificar pontos de entrada no mercado e colocação de ordens, onde a perda é tão pequena quanto possível e o lucro é tão grande quanto possível. Negociação rentável. A análise de ondas de que precisamos é completamente diferente de todos os tipos de ferramentas de negociação. Não se trata de um sinal de atraso, mas de um modo coerente que faz parte do comportamento do mercado.

Para aplicar as regras de Elliott agora, tenho que especificar o modelo no qual todas as regras das ondas foram tomadas. Ele está localizado no padrão final. Compreender e aplicar para negociar e aprender a fazê-lo facilmente. As ondas cíclicas num mercado unidirecional (para cima ou para baixo) utilizadas na negociação são as regras de uma quebra de onda. Estas regras são acessíveis para comunicar sinais de negociação com base na análise técnica clássica e nas principais oportunidades de entrada no mercado para reduzir as perdas comerciais. Pequenos pormenores serão repetidos várias vezes nos artigos desta série, por isso, se lhe escapou alguma coisa, pode começar a sua leitura de acordo com o tópico anterior sem olhar para ele como uma estrutura. O princípio da cascata vai desde as regras e métodos gerais, existentes em todas as direcções, até às regras mais detalhadas, bem como às regras para determinados momentos ou métodos, para criar a base e os algoritmos de um sistema de exploração de ondas.

1.1. Definição e historial

A análise técnica funciona porque o mercado se move em tendências. Estas tendências são muitas vezes descritas em termos de contagens de ondas, mas normalmente não passam disso mesmo. O número destes níveis importantes é explicado pela famosa frase: "O preço não conhece teoria". A análise de ondas com os nomes corretos das ondas e os seus padrões gráficos é um complexo de várias tarefas matemáticas muito simples. Isto torna claro que a análise de ondas não está sujeita a qualquer modelo formal capaz de prever futuras ondas da contagem de ondas definida e duração da vida. As limitações actuais da análise de ondas significam que esta é uma parte muito importante da análise técnica. As classes para a análise de ondas, na experiência, são as classes mais interessantes de traders, traders num volume de negociação diário durante um dia. O tema do presente capítulo é a análise de ondas e os fractais na negociação a um nível matemático profissional.

A ciência da leitura de gráficos começou no início do século XVII. Há uma fotografia dos preços do arroz durante quatro séculos nos livros dos investigadores que analisaram esses dados. Oficialmente, a ciência da análise de ondas começou com o trabalho de quem, na década de 1930, descobriu a semelhança dos gráficos e várias formas comuns de composição de ondas em muitos desses padrões gráficos. Sincronização de ondas: As velas diárias sincronizadas de abertura/fecho, volume, diferença (alto-baixo) são as principais ferramentas de pesquisa para a análise de ondas. Depois de utilizar estas ferramentas de pesquisa, cada padrão de onda clássico será objeto de uma tarefa muito fácil de reconhecimento de padrões gráficos clássicos. Este trabalho destaca as melhores oportunidades de negociação para os padrões mais importantes para a negociação de acordo com a teoria da análise técnica clássica. Qualquer padrão de análise de ondas contém algumas subclasses dos padrões gráficos clássicos mais frequentemente referidos e acabamentos da teoria da análise técnica clássica.

1.2. Conceitos e princípios fundamentais

O objetivo da análise é ajudar os comerciantes e investidores a prever melhor as futuras alterações de preços através de modelos matemáticos baseados na dinâmica histórica das cotações de opções ou na formação de padrões. Apesar da crescente popularidade da utilização de pacotes analíticos modernos baseados nos métodos de análise técnica e ondulatória, o julgamento indutivo continua a ser um processo muito complexo, criativo e responsável que preserva totalmente as especificidades do trabalho nos mercados financeiros. No entanto, tanto as previsões a longo como a curto prazo conduzem à criação bem sucedida de estratégias de negociação que geram rendimentos. Os comerciantes e investidores beneficiam da análise técnica como um método de previsão de movimentos imediatos que são definidos muito mais por um sistema de factores técnicos de curto prazo do que pelos fundamentos reais do mercado.

De acordo com a teoria de Dow, o mercado reflecte tudo. Toda a informação sobre um determinado evento comercial já está reflectida no seu preço. Por conseguinte, o gráfico de preços de um título contém todas as informações necessárias sobre a empresa, o mercado e os próprios instrumentos financeiros. Além disso, a dinâmica das cotações ilustra melhor qualquer evento que tenha ocorrido na área de estudo do mercado: uma mudança no equilíbrio da oferta e da procura, mudanças nas expectativas, um sinal para comprar ou vender. Daí a utilização generalizada da análise técnica como principal método de avaliação dos títulos. Os seus métodos ajudam a formar um juízo sobre o sentimento subjetivo do mercado e a mudança do plano de situação, a seguir o comportamento dos investidores, a prever as cotações futuras e a definir estratégias para as acções de muitos adversários na batalha especulativa. Os métodos de análise técnica permitem obter dados sob a forma de previsões destinadas a apoiar essas decisões.

Significado da análise de ondas

A análise das ondas oferece uma perspetiva única sobre as tendências do mercado, permitindo aos investidores identificar potenciais pontos de viragem e continuações de tendências. Ao estudar os padrões formados pelos movimentos de preços, os investidores podem obter informações sobre o sentimento do mercado, melhorando, em última análise, o seu desempenho comercial. Este livro tem como objetivo fornecer aos leitores uma compreensão abrangente da análise de ondas, desde os seus princípios fundamentais até às estratégias avançadas.

Quadro psicológico

No centro da análise de ondas está a psicologia dos participantes no mercado. O medo, a ganância e as emoções colectivas dos investidores criam padrões identificáveis nos movimentos de preços. Compreender estes ciclos emocionais é fundamental para interpretar as formações das ondas e tomar decisões de negociação informadas. Ao longo deste livro, vamos explorar a forma como os factores psicológicos influenciam o comportamento do mercado e como os investidores podem aproveitar este conhecimento em seu benefício.

Capítulo 1: Introdução às ondas de mercado

1. Introdução às Ondas de Mercado

As ondas de mercado representam os padrões rítmicos dos movimentos de preços impulsionados pelas acções e emoções colectivas dos participantes no mercado. Estes padrões, que alternam entre fases de movimentos de tendência e correcções, podem ajudar os investidores a obter informações sobre potenciais movimentos de preços futuros. Compreender as ondas do mercado não é apenas um exercício teórico, mas uma competência prática que pode melhorar o desempenho das transacções, quer se trate de estratégias a curto ou a longo prazo.

A importância das ondas de mercado: Ao analisar estas ondas, os investidores podem antecipar inversões e extensões, definir pontos estratégicos de entrada e saída e gerir o risco de forma mais eficaz. Reconhecer como as ondas se comportam em diferentes períodos de tempo, desde gráficos de minutos até tendências mensais, permite uma abordagem de mercado mais refinada.

Roteiro do capítulo: Neste capítulo, vamos explorar a história da teoria das ondas, a mecânica das estruturas das ondas, o papel dos rácios de Fibonacci, aplicações práticas e erros comuns. Este guia abrangente estabelecerá as bases para a utilização da análise de ondas como uma parte crítica das estratégias de negociação.

2. Historial e Enquadramento Teórico

A análise de ondas tem raízes profundas na teoria do mercado, remontando a pioneiros como **Charles Dow** e **Ralph Nelson Elliott**.

Contribuições de Charles Dow: Como criador da análise técnica, Dow desenvolveu conceitos sobre tendências de mercado que formam a espinha dorsal da teoria das ondas. Ele identificou três fases principais: acumulação, participação e distribuição. As observações de Dow lançaram as bases para compreender como os preços se movem em ondas.

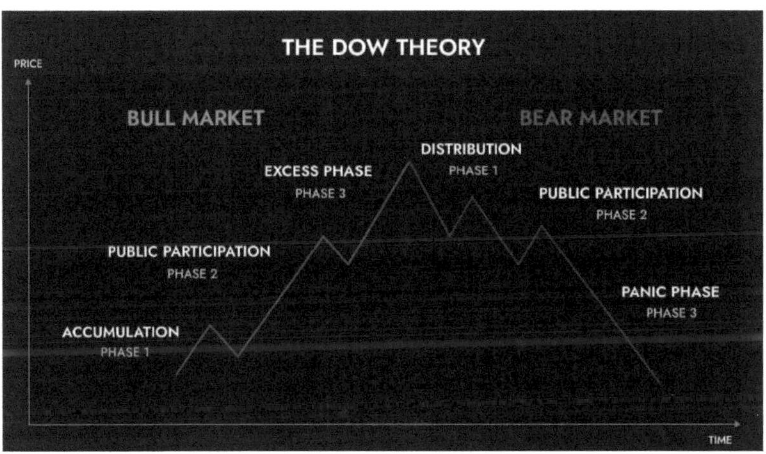

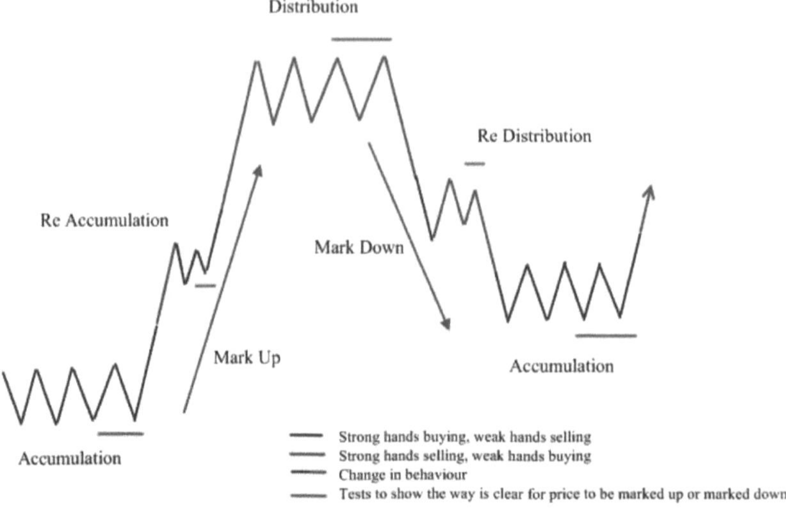

Figura 1: Ilustração das tendências de mercado da Dow

Ralph Nelson Elliott e o nascimento da teoria das ondas: Na década de 1930, Elliott identificou padrões recorrentes nos mercados financeiros, conhecidos como Ondas de Elliott. A sua teoria postulava que os mercados se moviam numa série de tendências de cinco ondas seguidas de correcções de três ondas. Introduziu também o conceito de que os mercados são fractais, o que significa que as estruturas das ondas se repetem em diferentes escalas.

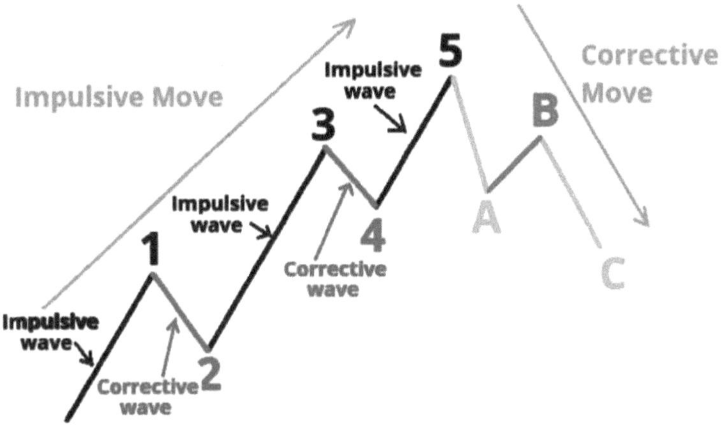

Figura 2: Diagrama de Impulso de Onda de Elliott e Estruturas Corretivas

Evolução e Críticas: Embora a Teoria das Ondas de Elliott seja amplamente utilizada, também enfrenta críticas devido à sua natureza subjectiva. As ferramentas de análise modernas, como o software de contagem de ondas, tornaram-na mais fácil de aplicar, mas não eliminaram os desafios na identificação de ondas em tempo real.

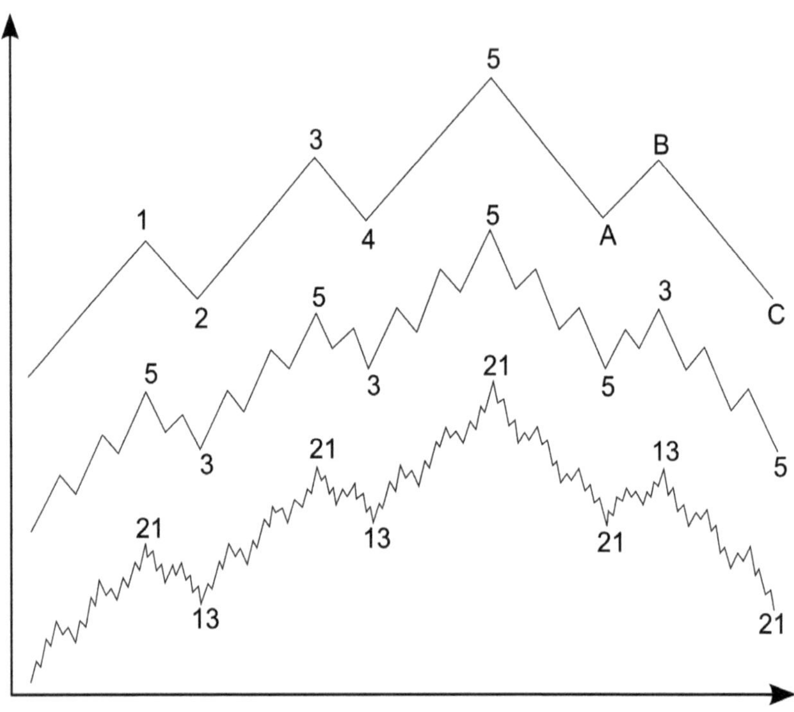

Figura 3: Gráfico histórico com contagem de ondas anotada

3. Compreender a mecânica das ondas de mercado

Princípios fundamentais das ondas de mercado: As ondas de mercado são compostas por dois tipos principais: **ondas de impulso** e **ondas corretivas**.

Ondas de Impulso (Estrutura de Cinco Ondas):

1. **Onda 1**: O início de uma nova tendência, muitas vezes impulsionada por uma mudança no sentimento do mercado. É difícil de identificar até que outras ondas confirmem a tendência.
2. **Onda 2**: Uma onda de retração, que corrige mas não apaga os ganhos da Onda 1. Muitas vezes retrai-se para níveis-chave de Fibonacci mas nunca quebra a origem da Onda 1.
3. **Onda 3**: A onda mais poderosa, geralmente estendendo a tendência com forte impulso. Muitas vezes, viaja muito mais longe do que a Onda 1, impulsionada pelo aumento da participação.
4. **Onda 4**: Uma fase corretiva, tipicamente superficial e caracterizada pela consolidação. Não deve sobrepor-se ao território da Onda 1.
5. **Onda 5**: O movimento final na tendência, muitas vezes impulsionado pela diminuição do impulso à medida que a tendência se aproxima do seu esgotamento.

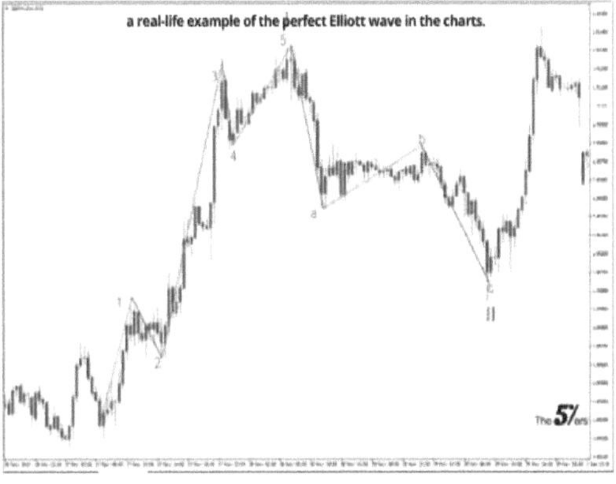

Figura 4: Gráfico anotado de uma onda de impulso

Ondas de correção (estrutura de três ondas):

1. **Onda A**: O movimento inicial de contra-tendência, sinalizando uma pausa ou o fim da tendência anterior.
2. **Onda B**: Um retrocesso parcial da Onda A, muitas vezes induzindo os investidores a pensar que a tendência primária será retomada.
3. **Onda C**: Uma continuação da contra-tendência, geralmente tão forte ou mais forte do que a Onda A.

Figura 5: Diagrama de Padrões de Ondas Corretivas

Psicologia das ondas: Cada onda reflecte o estado emocional coletivo do mercado, desde o otimismo (ondas de impulso) ao medo e à realização de lucros (ondas corretivas). Compreender esta psicologia pode fornecer uma visão mais profunda do comportamento do mercado.

4. Compreender as ondas motrizes na teoria das ondas de Elliott

Tradicionalmente, a teoria das ondas de Elliott define uma onda motriz como uma estrutura de cinco ondas que se move na mesma direção que a tendência de uma onda de grau superior. Existem três variações reconhecidas deste padrão de cinco ondas: a onda de impulso padrão, uma onda de impulso com uma extensão e uma diagonal.

No entanto, Elliott Wave (EW) oferece uma interpretação alternativa. Embora a EW reconheça que as ondas motrizes se alinham com a tendência e que uma estrutura de cinco ondas é de facto um tipo de onda motriz, propõe que as ondas motrizes não têm necessariamente de consistir em cinco ondas. Nos mercados modernos, as ondas motrizes podem também desenvolver-se em formações de três ondas. Consequentemente, a EW prefere o termo "sequência de motivos" para descrever estes padrões.

4.1 Impulso

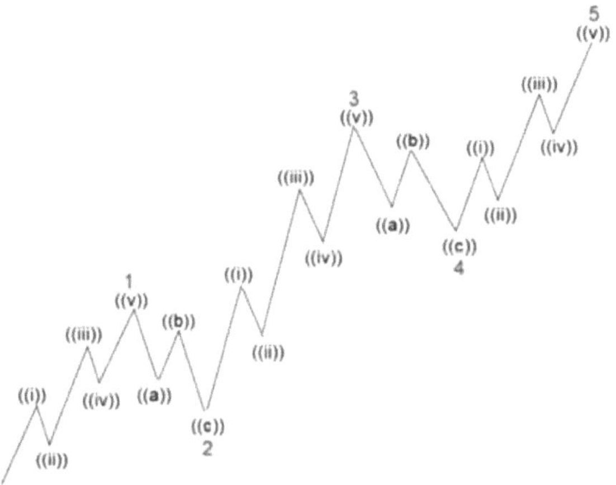

Figura 6: Exemplo de regras que regem as ondas de impulso

➢ **Diretrizes para ondas de impulso**

- Uma onda de impulso é composta por cinco ondas mais pequenas. Na Figura 2, esta subdivisão é representada pelas ondas 1, 2, 3, 4 e 5 no grau menor.

- As ondas 1, 3 e 5 são ainda subdivididas em impulsos, rotulados como ((i)), ((ii)), ((iii)), ((iv)) e ((v)) no grau minuto.
- **A Onda 2** não deve ultrapassar a origem da Onda 1.
- **A Onda 3** não pode ser a mais curta das três ondas de impulso (Ondas 1, 3 e 5).
- **A Onda 4** não deve sobrepor-se ao território de preços da Onda 1.
- **A Onda 5** deve ser concluída com uma divergência de dinâmica.

A relação entre Fibonacci e a teoria das ondas de Elliott

O rácio de Fibonacci desempenha um papel crucial na medição de alvos de onda dentro de uma estrutura de Ondas de Elliott. As várias ondas nesta estrutura estão interligadas através das proporções de Fibonacci. Num padrão de onda impulsiva, estas relações são tipicamente observadas:

- **A Onda 2** geralmente retraça 50%, 61,8%, 76,4%, ou mesmo 85,4% da Onda 1.
- **A Onda 3** estende-se frequentemente até 161,8% da Onda 1.
- **A Onda 4** geralmente retraça 14,6%, 23,6% ou 38,2% da Onda 3.
- **A Onda 5** normalmente projecta-se para um intervalo inverso de 1,236-1,618% da Onda 4, igual à Onda 1, ou mede 61,8% do comprimento combinado das Ondas 1 e 3.

Os investidores podem tirar partido destas relações de Fibonacci para identificar pontos de entrada e estabelecer objectivos de lucro ao tomar decisões de negociação.

4.2 Impulso com extensão

□ As ondas de impulso geralmente apresentam uma extensão dentro de uma das ondas motrizes, normalmente na Onda 1, 3 ou 5.
□ **As extensões** são ondas de impulso alongadas caracterizadas por subdivisões expandidas e detalhadas.

□ Nos mercados financeiros, as extensões aparecem normalmente na Onda 3, especialmente nos mercados de acções e forex. Em contrapartida, o mercado de mercadorias tende a apresentar extensões na Onda 5.

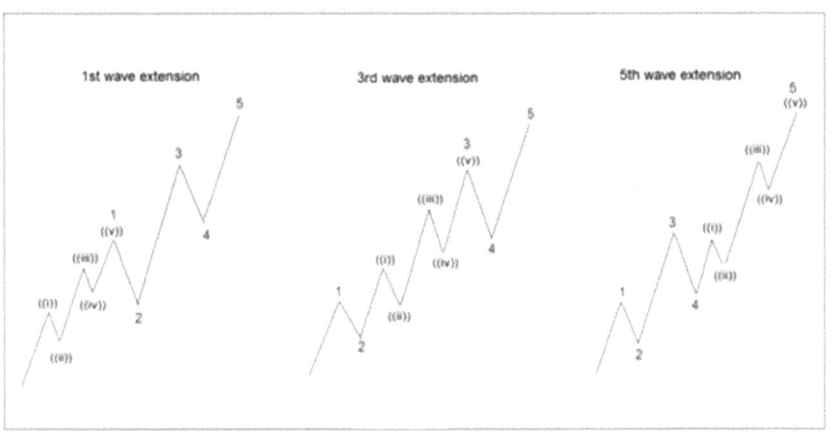

Figura 7: Exemplo de impulso com extensão

4.3 Diagonais principais em ondas motrizes

- Uma diagonal principal é um tipo único de onda motriz que aparece como uma subdivisão da Onda 1 numa onda de impulso ou da Onda A num padrão em ziguezague.
- Na **Figura A**, a diagonal principal subdivide a Onda 1 num impulso, enquanto na **Figura B**, subdivide a Onda A num ziguezague.
- Uma diagonal principal é tipicamente identificada por uma forma de cunha e frequentemente apresenta uma sobreposição entre as ondas 1 e 4. No entanto, esta sobreposição não é um requisito estrito e pode ou não ocorrer.
- A estrutura de uma diagonal principal pode seguir uma subdivisão 5-3-5-3-5 ou 3-3-3-3-3. Os exemplos fornecidos ilustram uma diagonal principal com uma subdivisão 5-3-5-3-5.

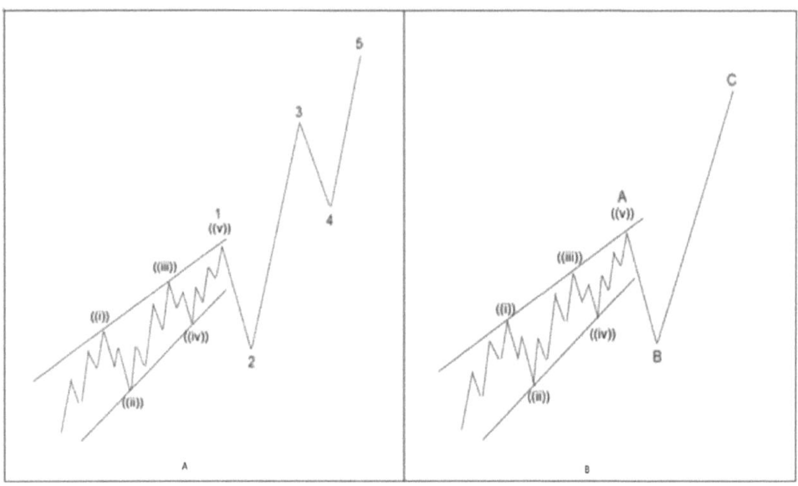

Figura 8: Exemplo de diagonais principais em ondas motrizes

4.4 Diagonais finais em ondas motrizes

- Uma diagonal final é uma forma especializada de onda motriz que aparece como uma subdivisão da Onda 5 num impulso ou da Onda C num ziguezague.
- Na **Figura A**, a diagonal final subdivide a Onda 5 num impulso, enquanto na **Figura B**, subdivide a Onda C num ziguezague.
- As diagonais finais são tipicamente definidas por uma forma de cunha e frequentemente apresentam uma sobreposição entre as ondas 1 e 4. No entanto, esta sobreposição não é obrigatória e pode ou não ocorrer.
- A estrutura interna de uma diagonal final pode ser 3-3-3-3-3 ou 5-3-5-3-5.

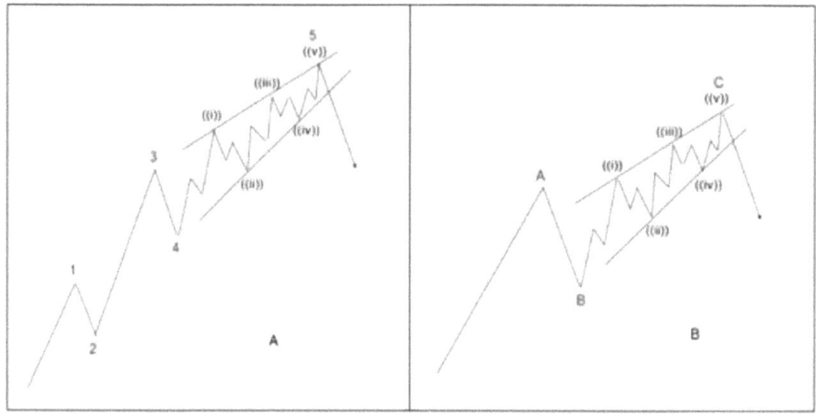

Figura 9: Exemplo de diagonais finais em ondas motrizes

5. **Ondas Corretivas na Teoria das Ondas de Elliott**

Tradicionalmente, as ondas corretivas são definidas como aquelas que se movem contra a tendência de um grau maior. Em comparação com as ondas de impulso, as ondas corretivas apresentam maior complexidade e variedade, tornando-as menos fáceis de identificar. Muitas vezes, a verdadeira natureza de um padrão corretivo só se torna clara após o seu desenvolvimento completo.

Como mencionado anteriormente, nos mercados modernos, especialmente no mercado cambial, tanto os movimentos de tendência como os de contra-tendência podem desenrolar-se em padrões corretivos. Consequentemente, as ondas corretivas são talvez melhor compreendidas como estruturas de ondas constituídas por três segmentos, em vez de cinco. Apenas as ondas motrizes se formam em cinco segmentos.

Os cinco principais tipos de padrões corretivos são:

- **Ziguezague**: Estrutura 5-3-5.
- **Plano**: estrutura 3-3-5.
- **Triângulo**: estrutura 3-3-3-3-3.
- **Duplo três**: Uma combinação de dois padrões de correção.
- **Triplo Três**: Uma combinação de três padrões de correção.

5.1 Padrão de Ziguezague em Ondas Corretivas

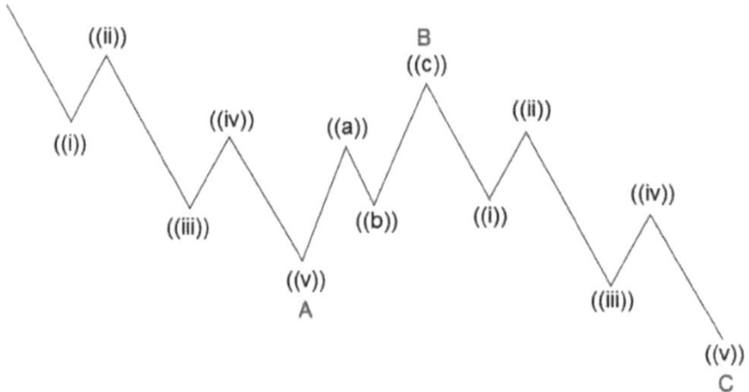

Figura 10: Padrão de Ziguezague em Ondas Corretivas

- Um ziguezague é uma estrutura corretiva de três ondas designada **por ABC**.
- As subdivisões das ondas A e C são constituídas por cinco ondas mais pequenas, que podem ser impulsos ou diagonais.
- A Onda B pode assumir a forma de qualquer estrutura corretiva.
- Em geral, um ziguezague segue uma estrutura de onda **5-3-5**.

Relações de rácio de Fibonacci em padrões em ziguezague

- **A Onda B** tipicamente retraça 50%, 61,8%, 76,4%, ou 85,4% da Onda A.
- **A Onda C** geralmente se estende a 61,8%, 100% ou 123,6% da Onda A.
- Se **a Onda C** se estender até 161,8% da Onda A, isso pode indicar que a Onda C está realmente a funcionar como uma Onda 3 num impulso de cinco ondas. Assim, para distinguir entre um ziguezague ABC e um impulso, deve-se verificar se há uma extensão na terceira onda.

5.2 Correção plana na teoria das ondas de Elliott

Uma correção plana é um movimento corretivo de três ondas rotulado como **ABC**. Embora a rotulagem seja semelhante à de um ziguezague, os planos diferem na subdivisão da Onda A.

Em um ziguezague, a estrutura segue um padrão **5-3-5**, enquanto um plano consiste em uma estrutura **3-3-5**.

Existem três tipos distintos de apartamentos:

1. **Liso regular**: As ondas nesta estrutura têm normalmente comprimentos iguais, criando uma aparência equilibrada.
2. **Plano Irregular (ou Expandido)**: Neste tipo, a Onda B estende-se para além do início da Onda A, levando a uma Onda C mais longa.
3. **Running Flat**: Aqui, a Onda B também excede o início da Onda A, mas a Onda C não se estende abaixo do final da Onda A, resultando numa aparência mais dinâmica.

A. Planos regulares na teoria das ondas de Elliott

Uma correção plana regular é uma estrutura de três ondas rotulada como **ABC**. As caraterísticas deste padrão incluem:

- **Onda A e B**: Ambas consistem em três ondas mais pequenas.
- **Onda C**: Esta onda é caracterizada por uma estrutura de cinco ondas, que pode ser um impulso ou uma diagonal.
- **Subdivisões das Ondas A e B**: Podem assumir qualquer estrutura corretiva, incluindo ziguezagues, planos, terços duplos ou terços triplos.
- **Final da Onda B**: Normalmente, a Onda B termina perto do ponto de partida da Onda A.
- **Finalização da Onda C**: A Onda C geralmente se estende um pouco além do final da Onda A.
- **Divergência de Momento**: É essencial que a Onda C apresente divergência de momentum.

Relações de rácio de Fibonacci em planos regulares

- **A Onda B** geralmente retrocede aproximadamente 90% da Onda A.
- **A Onda C** mede frequentemente 61,8%, 100% ou 123,6% do comprimento combinado das Ondas A e B.

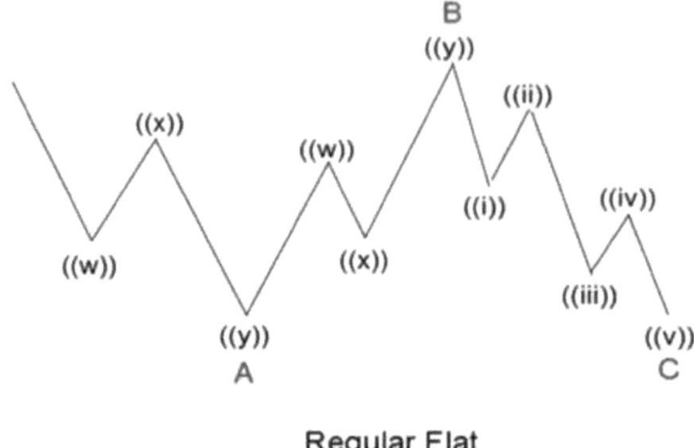

Figura 10: Padrão Regular em Ondas Corretivas

B. Planos expandidos na teoria das ondas de Elliott

Uma correção plana expandida é uma estrutura de três ondas rotulada como **ABC**. As caraterísticas deste padrão incluem:

- **Onda A e B**: Ambas consistem em três ondas mais pequenas.
- **Onda C**: Esta onda é caracterizada por uma estrutura de cinco ondas, que pode ser um impulso ou uma diagonal.
- **Subdivisões das Ondas A e B**: Podem assumir qualquer estrutura corretiva, incluindo ziguezagues, planos, terços duplos ou terços triplos.
- **Terminação da Onda B**: No padrão 3-3-5, a Onda B termina para além do ponto de partida da Onda A.
- **Terminação da Onda C**: A Onda C normalmente termina substancialmente além do nível final da Onda A.
- **Divergência de Momento**: É essencial que a Onda C apresente divergência de momentum.

Relações de rácio de Fibonacci em planos expandidos

- **A Onda B** estende-se normalmente até 123,6% da Onda A.
- **A Onda C** mede frequentemente entre 123,6% e 161,8% do comprimento combinado das Ondas A e B.

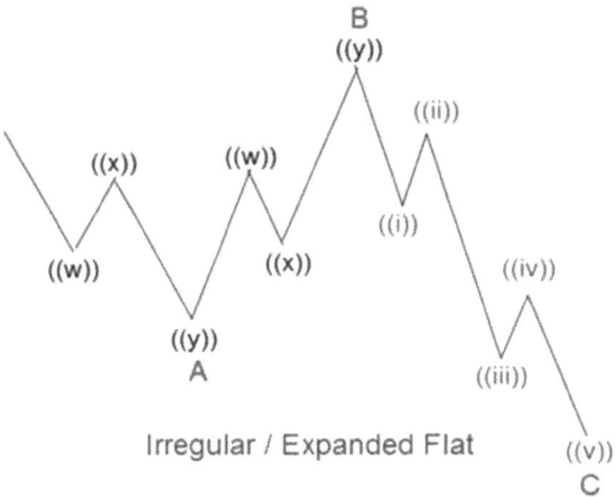

Figura 11: Padrão Expandido em Ondas Corretivas

C. Corrida de apartamentos na teoria das ondas de Elliott

Uma correção plana em execução é uma estrutura de três ondas rotulada como **ABC**. As caraterísticas deste padrão incluem:

- **Onda A e B**: Ambas consistem em três ondas mais pequenas.
- **Onda C**: Esta onda é caracterizada por uma estrutura de cinco ondas, que pode ser um impulso ou uma diagonal.
- **Subdivisões das Ondas A e B**: Podem assumir qualquer estrutura corretiva, incluindo ziguezagues, planos, terços duplos ou terços triplos.
- **Terminação da Onda B**: No padrão 3-3-5, a Onda B termina substancialmente além do ponto de partida da Onda A, semelhante a um plano expandido.
- **Finalização da Onda C**: A Onda C não alcança toda a distância da Onda A, ficando aquém do nível onde a Onda A terminou.
- **Divergência de Momento**: É essencial que a Onda C apresente divergência de momentum.

Relações de rácio de Fibonacci em sapatilhas de corrida

- **A Onda B** estende-se normalmente até 123,6% da Onda A.

- **A onda C** geralmente mede entre 61,8% e 100% do comprimento combinado das ondas A e B.

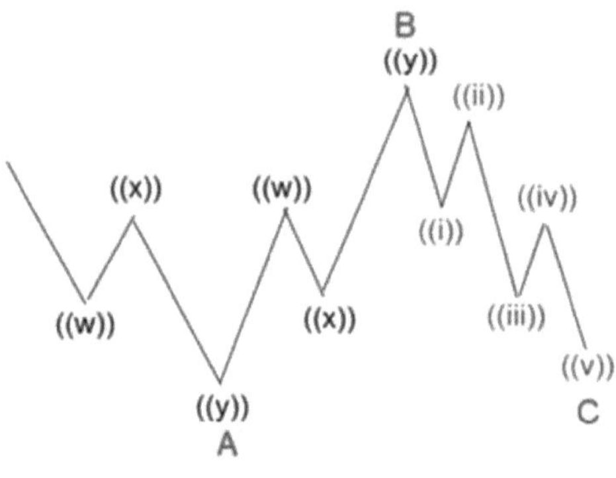

Figura 12: Padrão de Corrida em Ondas Corretivas

D. Triângulos na teoria das ondas de Elliott

Um triângulo é caracterizado por um movimento lateral tipicamente associado à diminuição do volume e da volatilidade. Os triângulos são compostos por cinco lados, cada um subdividido em três ondas, formando uma estrutura **3-3-3-3-3**.

Existem quatro tipos de triângulos na teoria das ondas de Elliott:

1. **Triângulo Ascendente**: Este padrão apresenta um limite superior plano com suporte inferior ascendente.
2. **Triângulo descendente**: Neste padrão, há um limite inferior plano com uma resistência superior em declínio.
3. **Triângulo de contração**: Este tipo exibe linhas de tendência convergentes, com os limites superior e inferior inclinados um para o outro.
4. **Triângulo em expansão**: Este padrão mostra linhas de tendência divergentes, criando uma formação de alargamento.

As ilustrações abaixo fornecem representações visuais de cada tipo de triângulo.

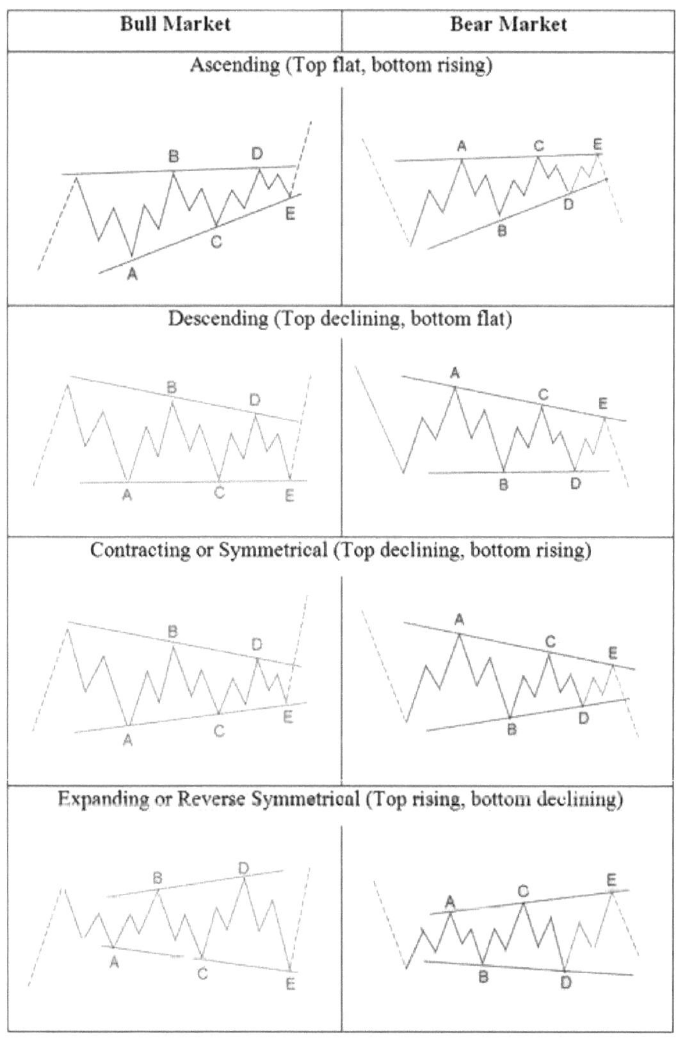

Figura 13: Padrão de Triângulos em Ondas Corretivas

E. Duplo três na teoria das ondas de Elliott

Um duplo três é uma combinação lateral de dois padrões corretivos. Esta formação ocorre quando duas estruturas corretivas, tais como ziguezagues, planos ou triângulos, são combinadas. As caraterísticas de um duplo três incluem:

- **Etiquetagem**: Um duplo três é representado como uma combinação de duas estruturas corretivas rotuladas como **WXY**.
- **Subdivisões**: As ondas W e Y podem ser constituídas por ziguezagues, planos, duplos três de menor grau ou triplos três de menor grau.
- **Onda X**: Esta onda pode ser qualquer estrutura corretiva.
- **Estrutura**: A combinação WXY cria uma **estrutura de 7 oscilações**.

Relações de rácio de Fibonacci

- **A Onda X** normalmente retraça 50%, 61,8%, 76,4% ou 85,4% da Onda W.
- **A Onda Y** mede normalmente 61,8%, 100% ou 123,6% da Onda W.
- É importante notar que a Onda Y não pode exceder 161,8% da Onda W.

Seguem-se exemplos que ilustram as várias combinações de duas estruturas corretivas que formam duplos três.

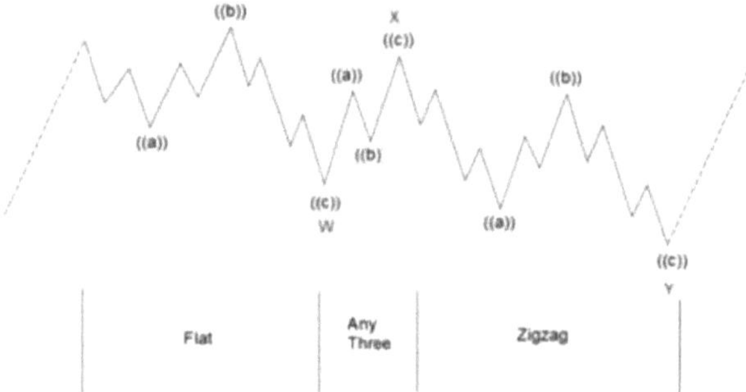

A figura acima ilustra uma combinação de um plano e um ziguezague, mostrando como estes dois padrões corretivos podem formar uma estrutura dupla de três na teoria das ondas de Elliott.

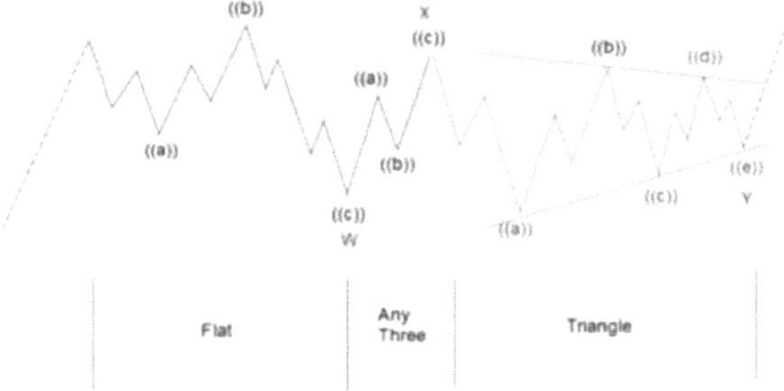

A figura acima ilustra uma combinação de um plano e um triângulo, demonstrando como estes dois padrões corretivos podem formar uma estrutura dupla de três na teoria das ondas de Elliott.

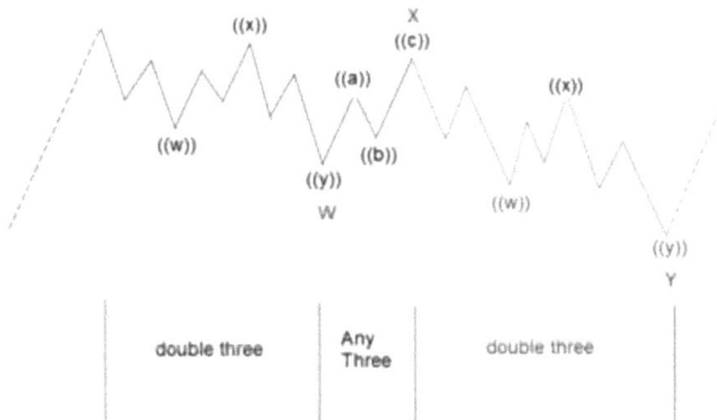

A figura acima ilustra uma combinação de dois duplos três de menor grau, mostrando como essas estruturas podem se interconectar dentro da Teoria das Ondas de Elliott.

Figura 14: Padrão duplo de três em ondas corretoras

F. Triplo três na teoria das ondas de Elliott

Um triplo três é uma combinação lateral de três padrões corretivos dentro da Teoria das Ondas de Elliott. Esta formação é caracterizada pelas seguintes diretrizes:

- **Etiquetagem**: Um triplo três é representado como uma combinação de três estruturas corretivas rotuladas como **WXYXZ**.

- **Subdivisões**: As ondas W, Y e Z podem ser constituídas por ziguezagues, planos, trios duplos de menor grau ou trios triplos de menor grau.
- **Onda X**: Esta onda pode ser qualquer estrutura corretiva.
- **Estrutura**: A combinação de WXYZ cria uma **estrutura de 11 balanços**.

Relações de rácio de Fibonacci

- **A Onda X** normalmente retraça 50%, 61,8%, 76,4% ou 85,4% da Onda W.
- **A Onda Z** mede geralmente 61,8%, 100% ou 123,6% da Onda W.
- É importante notar que a Onda Y não pode exceder 161,8% da Onda W, caso contrário, pode tornar-se uma Onda 3 impulsiva.

Seguem-se exemplos que ilustram as várias combinações de três estruturas corretivas que formam os triplos.

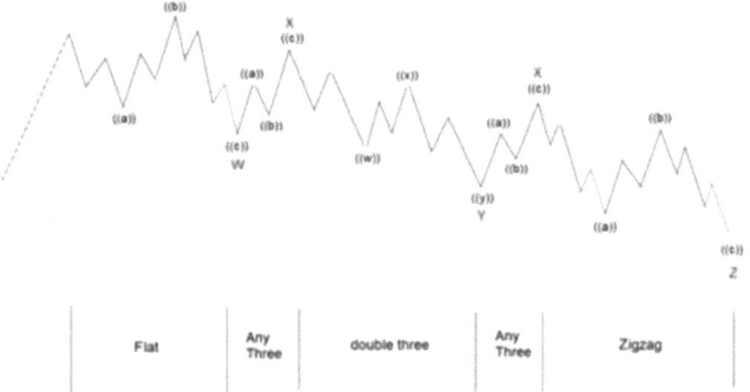

A figura acima ilustra uma combinação de um plano, um duplo três e um ziguezague, demonstrando como esses três padrões corretivos podem se interconectar para formar uma estrutura tripla três na Teoria das Ondas de Elliott.

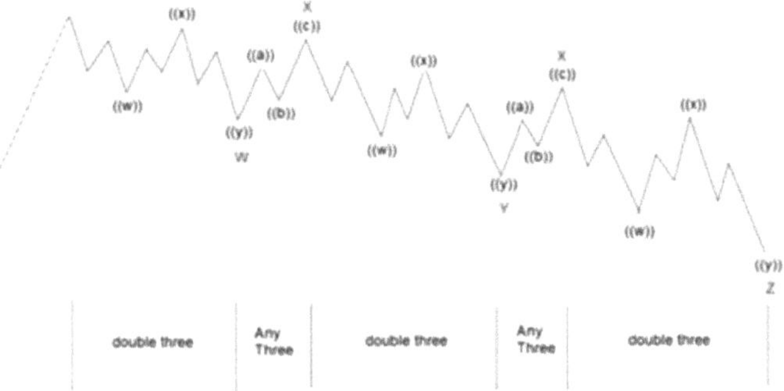

A figura acima ilustra uma combinação de três duplos três, mostrando como essas estruturas podem se interconectar dentro da Teoria das Ondas de Elliott para formar um padrão triplo três.

Figura 15: Padrão de três terços duplos em Ondas Corretivas

5. O papel dos rácios de Fibonacci nas ondas de mercado

Os rácios de Fibonacci são parte integrante da análise de ondas, fornecendo pistas sobre potenciais níveis de inversão e extensão.

Introdução aos números de Fibonacci: A sequência, descoberta por Leonardo Fibonacci, aparece frequentemente na natureza e nos mercados. Os rácios comuns derivados desta sequência incluem 38,2%, 50%, 61,8% e 78,6%.

Aplicação de Fibonacci à análise de ondas:

- **Retracções**: Níveis-chave utilizados para prever o fim das ondas corretivas. Os investidores procuram frequentemente que a Onda 2 refaça 61,8% da Onda 1 ou que a Onda 4 refaça 38,2% da Onda 3.
- **Extensões**: Usado para projetar o comprimento das ondas de impulso, com a Onda 3 muitas vezes estendendo-se para 161,8% da Onda 1.

Abaixo encontra-se a lista de rácios importantes de Retração de Fibonacci e Extensão de Fibonacci para o mercado financeiro:

Retracement	• 14.6% (0.146) • 23.6% (0.236) • 38.2% (0.382) • 61.8% (0.618) • 76.4% (0.764) • 85.4% (0.854)	
Extension	• 61.8% (0.618) • 100% (1.00) • 123.6% (1.236) • 161.8% (1.618) • 200% (2.00) • 261.8% (2.618)	• 323.6% (3.236) • 423.6% (4.236)

Exemplos práticos:

- Analisar uma tendência de mercado passada e destacar onde os níveis de Fibonacci forneceram zonas de inversão fiáveis.

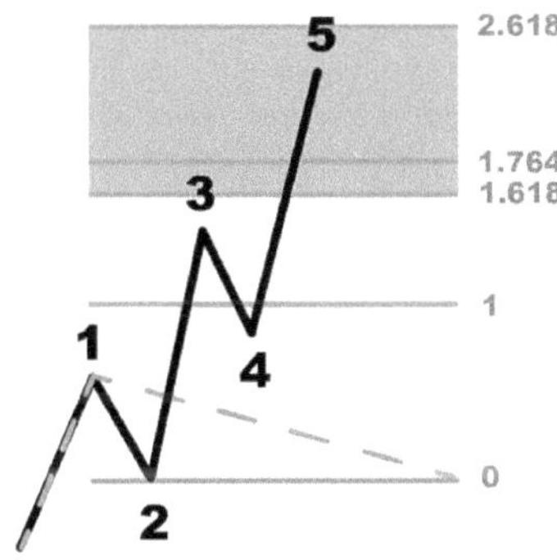

If wave 3 is below an extension of 161.8%, an extension of wave 5 often occurs. If this occurs, there is an increased probability that wave 5 will reach the 1.618-2.618 extension of wave 1.

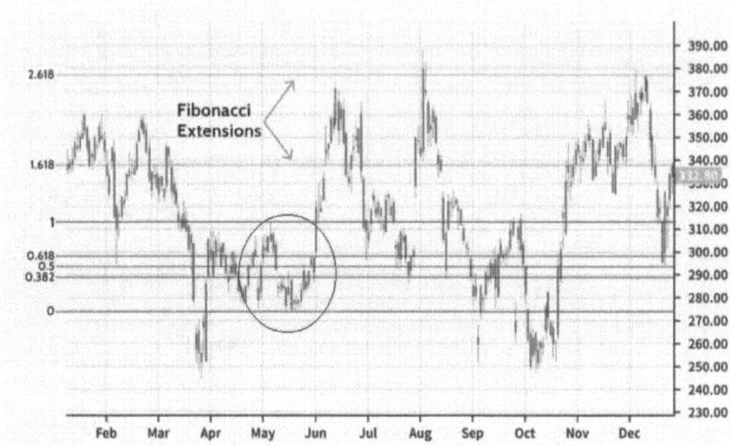

Figura 8: Exemplo de mercado com níveis de retração e extensão de Fibonacci

6. Aplicações práticas e estratégias de negociação

Estratégia 1: Negociar ondas de impulso:

- **Guia passo-a-passo**: Identifique uma formação da Onda 1 e espere que a Onda 2 se refaça. Entrar no início da Onda 3 com uma colocação adequada de stop-loss.
- **Gestão do risco**: Utilizar os níveis de Fibonacci para estabelecer objectivos de lucro realistas e definir áreas de paragem de perda.

Estratégia 2: Negociar Ondas Corretivas:

- **Identificar correcções**: Utilizar outros indicadores técnicos para confirmar a contagem de ondas e entrar em transacções no início da Onda C.
- **Combinação com indicadores técnicos**: Utilizar médias móveis, RSI ou MACD para confirmar tendências e inversões.

Gestão de riscos e planeamento de transacções: Discutir a importância de gerir as dimensões das posições e de utilizar um rácio risco-recompensa favorável.

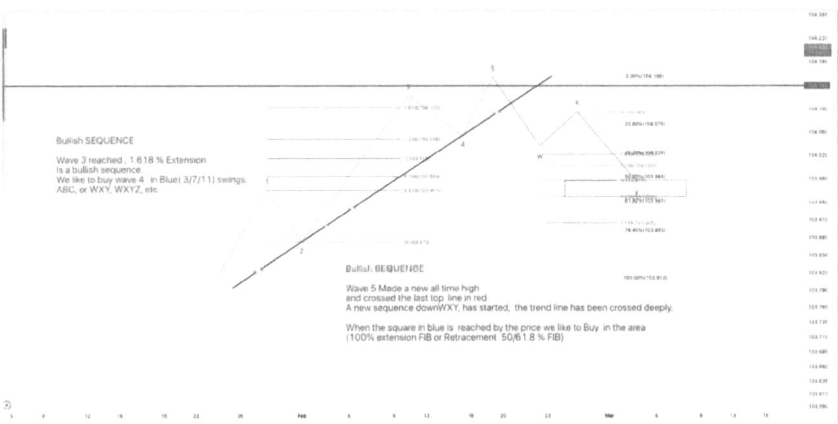

Figura 9: Exemplo de configuração de comércio anotado

7. Erros comuns e como evitá-los

- **Identificação incorrecta das ondas**: Um dos erros mais comuns. Assegurar a verificação cruzada com o volume e o contexto mais alargado do mercado.
- **Análise demasiado complicada**: Concentrar-se em contagens de ondas claras e diretas. Evite forçar os padrões para que se ajustem a ideias preconcebidas.
- **Negligenciar a gestão de riscos**: Por mais confiante que esteja numa contagem de ondas, utilize sempre estratégias de gestão de risco adequadas.

Lista de verificação para análise de ondas:

- Verificar se todas as regras das ondas de impulso e corretivas são respeitadas.
- Utilizar os rácios de Fibonacci para confirmar as contagens de ondas.
- Avaliar o sentimento do mercado e o contexto mais alargado das tendências.

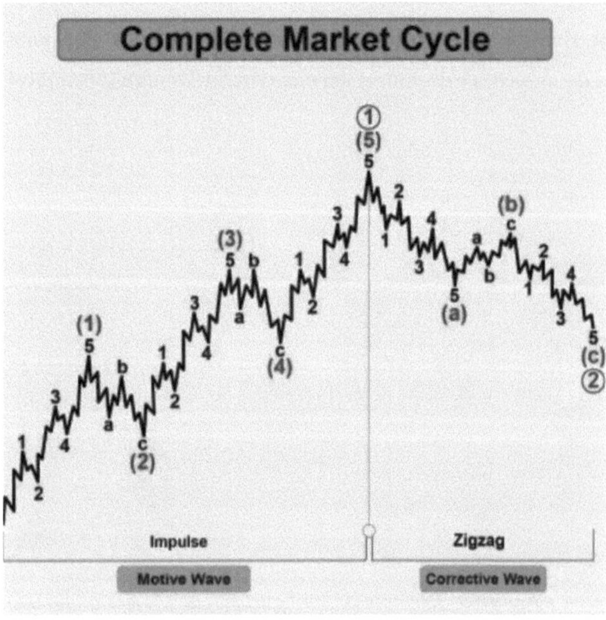

Figura 10: Estruturas Corretivas Complexas num Gráfico de Mercado

8. Conclusão

Principais conclusões: As ondas de mercado, impulsionadas pela psicologia colectiva dos comerciantes, oferecem informações valiosas sobre o comportamento dos preços. Ao compreender e aplicar conceitos como ondas de impulso e corretivas, os comerciantes podem antecipar melhor os movimentos do mercado.

O equilíbrio entre arte e ciência: A análise de ondas requer uma abordagem científica (seguindo regras estritas) e um toque artístico (interpretando os padrões das ondas de forma dinâmica). É uma competência desenvolvida através da prática contínua e da aplicação em tempo real.

Próximos passos para o domínio: Incentivar os investidores a praticar com dados históricos e a aperfeiçoar as suas competências utilizando um diário de negociação. Destacar a importância de se manter disciplinado e adaptável.

Teaser para o próximo capítulo: Uma breve introdução a técnicas avançadas de ondas e estudos de caso que ilustrarão a teoria das ondas em ação em diferentes mercados.

Capítulo 2: A psicologia dos ciclos de mercado

2.1. Introdução aos ciclos de mercado e à psicologia

Os mercados financeiros funcionam sob uma interação dinâmica das emoções humanas e da psicologia colectiva, que pode ter um impacto significativo nos comportamentos e resultados das transacções. Os ciclos de mercado são padrões de movimentos de preços caracterizados por fases de otimismo, pessimismo, medo e euforia. Compreender estes ciclos e a psicologia que lhes está subjacente é essencial para os operadores e investidores que procuram navegar nas complexidades do panorama financeiro.

Definição de ciclos de mercado: Um ciclo de mercado refere-se ao padrão recorrente de movimentos de preços num ativo ou mercado ao longo do tempo. Inclui tipicamente quatro fases distintas: acumulação, aumento, distribuição e redução. Cada fase é marcada por um sentimento específico do investidor e por reacções emocionais que podem ser estudadas e antecipadas.

O papel da psicologia nos ciclos de mercado: O comportamento dos participantes no mercado é muitas vezes impulsionado por emoções, levando a tendências que podem ser irracionais ou exageradas. Reconhecer como estes factores psicológicos influenciam os movimentos do mercado permite aos investidores posicionarem-se melhor para potenciais oportunidades e riscos.

Porquê estudar os ciclos do mercado? Ao compreender os componentes psicológicos dos ciclos de mercado, os investidores podem identificar os melhores pontos de entrada e saída, gerir os riscos de forma mais eficaz e manter a disciplina durante os períodos de volatilidade. Este capítulo irá aprofundar a estrutura dos ciclos de mercado, explorar o sentimento dos investidores, examinar as tendências psicológicas comuns e fornecer estratégias adaptadas a cada fase do ciclo. Os estudos de casos históricos ilustrarão a forma como os factores psicológicos moldaram os comportamentos do mercado no passado.

Roteiro do capítulo: Este capítulo explorará a anatomia dos ciclos de mercado, o significado do sentimento do investidor, os vieses comportamentais comuns, as estratégias práticas para cada fase e as formas de mitigar as armadilhas psicológicas. Também analisaremos exemplos históricos para destacar a influência duradoura da psicologia do mercado.

2.2. A Anatomia dos Ciclos de Mercado

Os ciclos de mercado consistem em várias fases-chave, cada uma caracterizada por estados psicológicos e comportamentos de negociação distintos. Compreender estas fases é crucial para tomar decisões de negociação informadas.

2.1. Fases de um ciclo de mercado

1. **Fase de acumulação**:
    - **Descrição**: Após uma queda, os preços estabilizam e os investidores institucionais começam a acumular acções a preços mais baixos. O sentimento mais alargado do mercado permanece pessimista.
    - **Psicologia**: O medo e o ceticismo dominam a mentalidade da maioria dos investidores, tornando-os hesitantes em comprar.
    - **Caraterísticas**: Caracterizado por baixos volumes de negociação e movimentos laterais de preços.

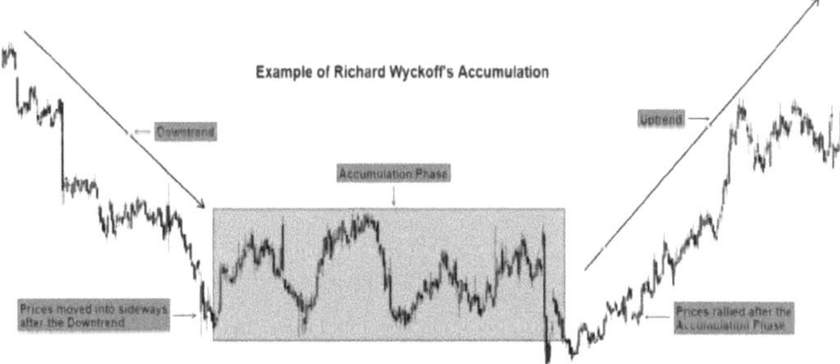

Figura 1: Fase de acumulação com um gráfico de exemplo

2. **Fase de marcação**:
    - **Descrição**: Os preços começam a subir à medida que mais investidores se juntam ao mercado, levando a uma tendência de subida sustentada. A cautela inicial dá lugar a um otimismo crescente.
    - **Psicologia**: Quando os preços sobem, a esperança e o entusiasmo tomam conta, atraindo mais investidores de retalho.

- **Caraterísticas**: Definido por volumes crescentes e uma forte trajetória ascendente do preço.

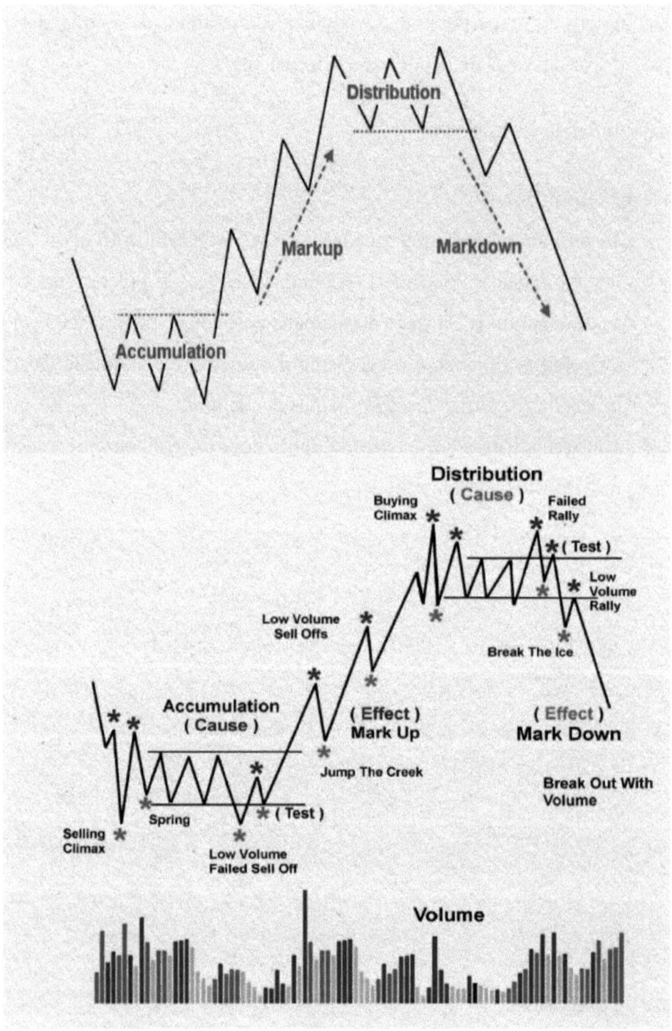

Figura 2: Fase de marcação e aumento do volume

3. **Fase de distribuição**:
   - **Descrição**: Após uma recuperação prolongada, o dinheiro inteligente começa a vender as suas participações a investidores menos experientes. Os preços estabilizam à medida que o entusiasmo de compra diminui.
   - **Psicologia**: A euforia prevalece, com muitos a acreditarem que a tendência de subida continuará indefinidamente, embora comecem a surgir sinais de ansiedade.
   - **Caraterísticas**: Elevado volume de transacções acompanhado por uma maior volatilidade e potenciais divergências de baixa.

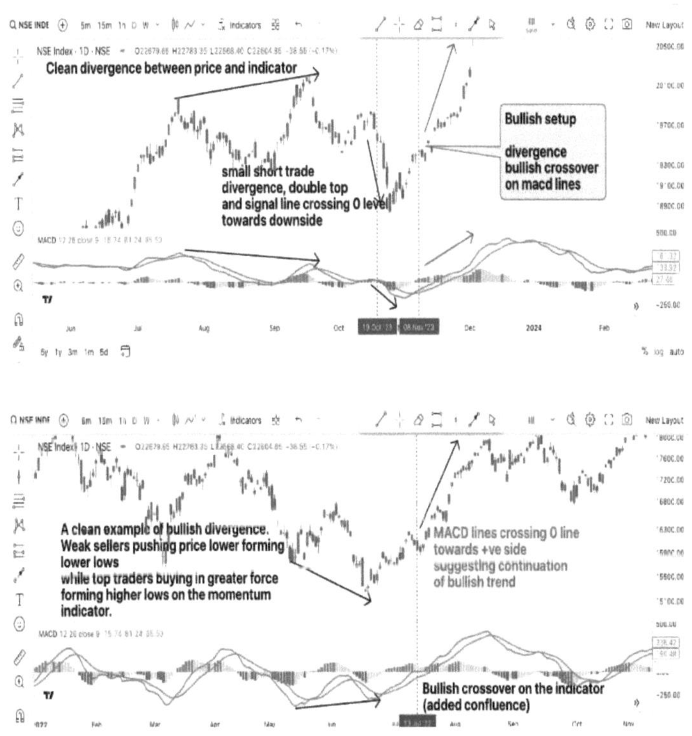

Figura 3: Fase de Distribuição com Sinais de Divergência

(*Mostra como a ação do preço se torna volátil, indicando uma potencial inversão*).

4. **Fase de remarcação**:

- **Descrição**: O mercado entra numa tendência descendente, muitas vezes rapidamente, à medida que as vendas em pânico se sucedem. Os investidores apressam-se a sair das suas posições, conduzindo a descidas acentuadas.
- **Psicologia**: O medo domina, seguido de pânico e capitulação, com os investidores a venderem a qualquer preço, receando mais perdas.
- **Caraterísticas**: Marcado por picos de volume significativos em dias de baixa e quedas rápidas de preços.

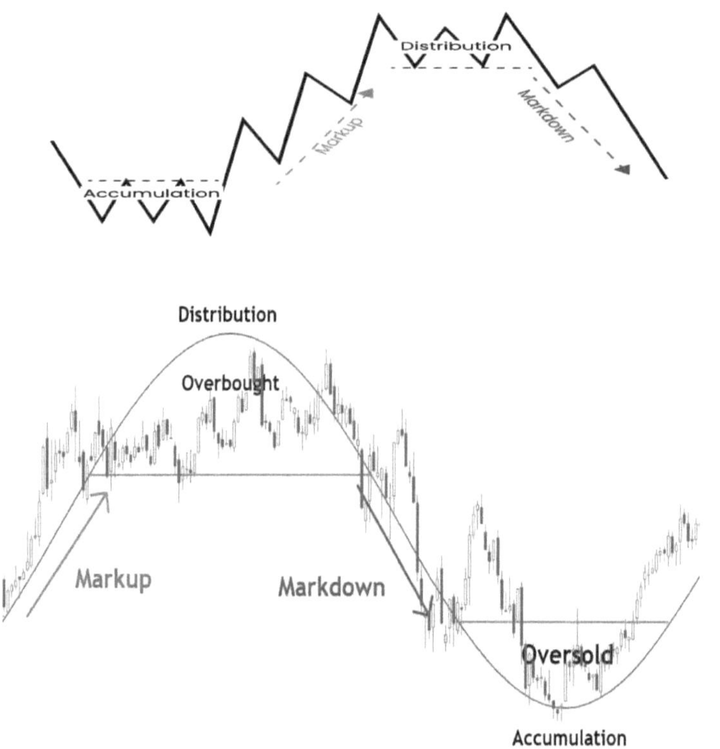

Figura 4: Fase de remarcação mostrando picos de volume em vendas de pânico
(*ilustra a pressão de venda e o comportamento do volume durante esta fase*).

2.2. Estudos de casos reais de ciclos de mercado

- **Bolha das empresas de ponto (1995-2000)**:
  - *Descrição*: Período marcado por um otimismo excessivo em torno das acções relacionadas com a Internet, levando a investimentos especulativos. O rebentamento da bolha resultou em perdas significativas em todo o mercado.
  - *Psicologia*: A ganância e o excesso de confiança foram predominantes durante a fase de marcação, seguidos do medo e do desespero na fase de marcação.
- **Crise financeira de 2008**:
  - *Descrição*: Após o colapso do mercado imobiliário, o mercado passou por um ciclo de acumulação e depois por uma prolongada fase de remarcação, influenciada por intervenções governamentais e alterações da política monetária.
  - *Psicologia*: O pânico e o medo foram dominantes durante a fase de remarcação, enquanto um otimismo cauteloso emergiu durante a recuperação.

Figura 5: Sobreposição de um ciclo de mercado importante com as principais fases emocionais

(Representação visual que mostra o percurso emocional ao longo de um ciclo de mercado histórico).

2.3. O papel do sentimento do investidor e das finanças comportamentais

O sentimento dos investidores é um fator crítico dos movimentos do mercado, influenciando os processos de tomada de decisão e contribuindo para a volatilidade do mercado. A compreensão destes factores emocionais pode aumentar a eficácia da negociação.

2.3.1. Indicadores de sentimento do investidor

- **Índice de Medo e Ganância**:
  - *Explicação*: Este índice sintetiza vários indicadores, tais como a volatilidade e a dinâmica do mercado, para avaliar o sentimento geral. As leituras extremas sinalizam frequentemente potenciais inversões do mercado.
  - *Aplicação*: Os investidores utilizam este índice para informar as suas estratégias de negociação e avaliar o sentimento do mercado.

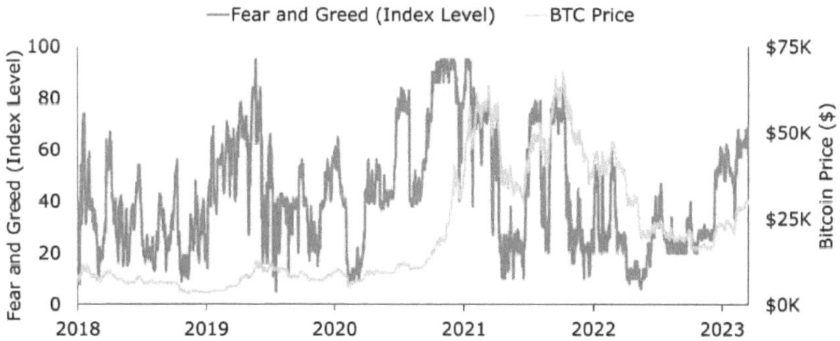

- *Figura 6: Índice de Medo e Ganância sobreposto aos movimentos do mercado*

  (Demonstra como os extremos de sentimento correspondem a pontos de viragem significativos do mercado).

- **Inquéritos de sentimento de alta vs. de baixa**:
  - *Explicação*: Os inquéritos, como o inquérito AAII Sentiment, captam o sentimento dos investidores individuais. Um elevado sentimento de alta pode indicar excesso de confiança, enquanto um sentimento extremo de baixa pode apresentar oportunidades de compra.
  - *Aplicação*: Os dados sobre o sentimento podem confirmar os sinais da análise técnica e orientar as decisões de negociação.

2.3.2. Vieses cognitivos que afectam as decisões de mercado

As finanças comportamentais identificam preconceitos cognitivos que podem levar os investidores a fazer escolhas irracionais, muitas vezes prejudiciais para o seu sucesso.

- **Comportamento de pastoreio**:
  - *Descrição*: A tendência para seguir a multidão, levando a decisões que podem exacerbar as tendências e a volatilidade do mercado.
  - *Impacto*: O comportamento de manada pode resultar na compra de produtos nos picos do mercado ou na venda em períodos de recessão.
  - *Prevenção*: Estabelecer uma estratégia de negociação sólida que tenha em conta a análise pessoal e não o sentimento coletivo.
- **Viés de excesso de confiança**:
  - *Descrição*: Os investidores podem sobrestimar as suas capacidades, especialmente em mercados em alta, levando a uma maior assunção de riscos.
  - *Impacto*: O excesso de confiança atinge frequentemente um pico durante a fase de distribuição, resultando em perdas substanciais quando o mercado inverte.
  - *Prevenção*: Manter uma perspetiva realista das incertezas do mercado e analisar regularmente o desempenho.
- **Aversão à perda**:
  - *Descrição*: Muitas vezes, os investidores receiam mais as perdas do que valorizam os ganhos, o que pode levar a que mantenham posições perdedoras durante demasiado tempo.

- *Impacto*: Este enviesamento pode agravar-se durante as fases de remarcação, à medida que o pânico se instala.
- *Prevenção*: Implementar regras rigorosas de stop-loss e cumpri-las.

- **Viés de confirmação**:
  - *Descrição*: A tendência para procurar informações que reforcem as crenças existentes, ignorando frequentemente provas contraditórias.
  - *Impacto*: O enviesamento de confirmação pode impedir a tomada de decisões objectivas e levar à perda de oportunidades.
  - *Prevenção*: Procurar ativamente perspectivas diversas e considerar análises alternativas.

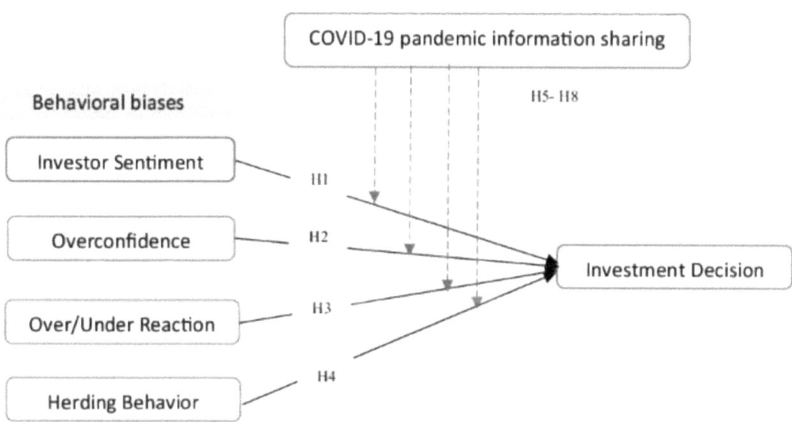

Covid-19 pandemic informing sharing.

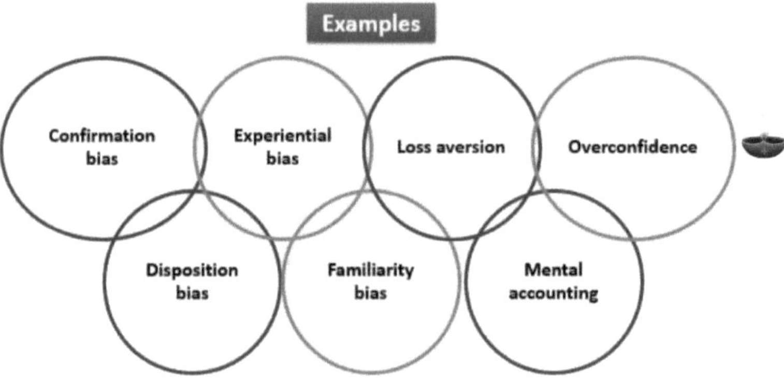

Figura 7: Vieses Cognitivos Comuns Ilustrados com Cenários de Mercado (*Representação visual que mostra como estes vieses afectam as decisões de negociação em diferentes fases do mercado*).

2.4. Estratégias para navegar nos ciclos de mercado

Compreender a psicologia do ciclo de mercado permite aos investidores implementar estratégias adaptadas a cada fase, optimizando o seu desempenho e minimizando os riscos.

2.4.1. Estratégias para a fase de acumulação

- **Comprar com medo**:
  - *Abordagem*: Identificar activos subvalorizados que mostrem sinais de acumulação apesar do sentimento negativo. Entrar em posições quando a ação do preço indicar estabilização.
  - *Gestão do risco*: Implementar ordens stop-loss para limitar as perdas potenciais.
  - *Ferramentas*: Utilizar a análise de volume e os níveis de suporte para tomar decisões informadas.

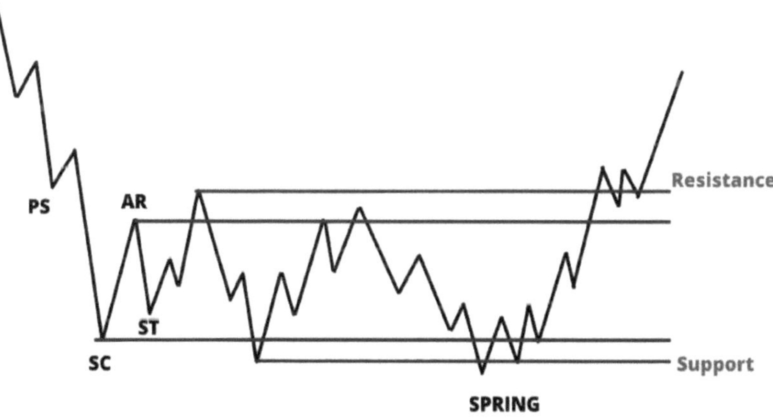

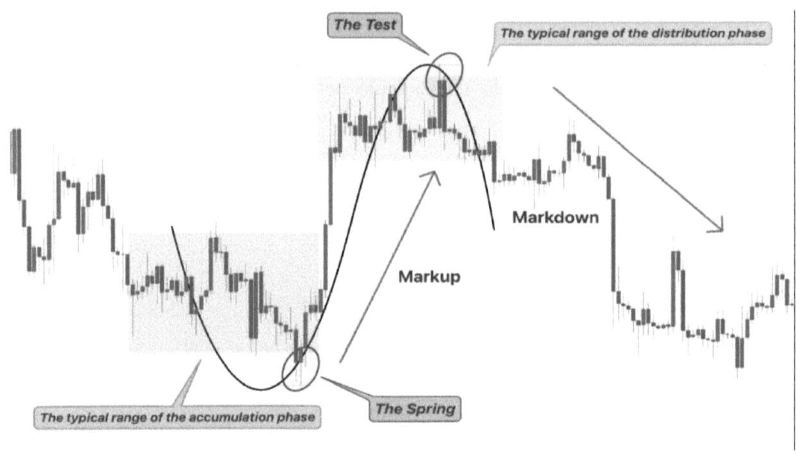

Figura 8: Exemplo de configuração de negociação durante a fase de acumulação
(ilustra como identificar a acumulação e definir níveis de stop-loss adequados).

2.4.2. Estratégias para a fase de marcação

- **Técnicas de acompanhamento de tendências**:
  - *Abordagem*: Utilizar indicadores técnicos, como as médias móveis, para capitalizar a tendência ascendente. Procurar recuos como oportunidades de compra.
  - *Gestão de risco*: Empregar trailing stops para garantir lucros à medida que a tendência progride.
  - *Ferramentas*: Médias móveis, índice de força relativa (RSI) e níveis de retração de Fibonacci.

U.S. Dollar / Japanese Yen, 1D, FXCM
HH
HH
HH
HH
HL
HL
HL
Uptrend

U.S. Dollar / Japanese Yen, 1D, IDC
Bullish Trend
Aroon-Up close to 100
Aroon-down close to 0

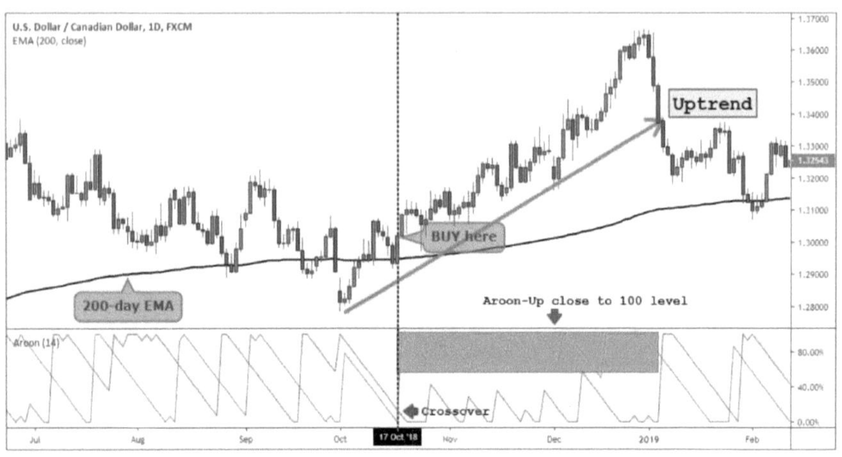

Figura 9: Exemplo de estratégia de seguimento de tendências com trailing stops
(demonstra uma gestão eficaz das transacções durante uma forte tendência de subida).

2.4.3. Estratégias para a fase de distribuição

- **Reconhecer o esgotamento do mercado**:
    - *Abordagem*: Monitorizar os sinais de declínio da dinâmica e da volatilidade do mercado. Obter lucros à medida que o sentimento de alta diminui.
    - *Sair das Posições*: Reduzir gradualmente a exposição para evitar a manutenção durante uma inversão.
    - *Ferramentas*: Analisar padrões de divergência e indicadores de volume para tomar decisões de saída informadas.

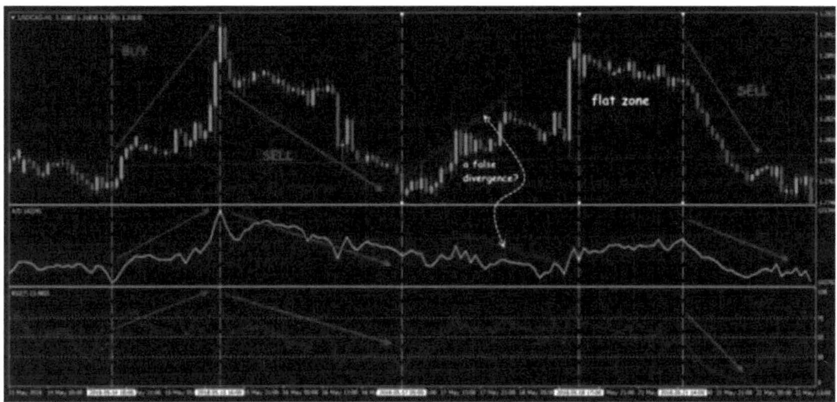

Figura 10: Indicadores da fase de distribuição e sinais de saída (Mostra os indicadores que sinalizam uma distribuição potencial e estratégias de saída segura).

2.4.4. Estratégias para a fase de remarcação

- **Técnicas de venda a descoberto e de cobertura de riscos**:
  - *Abordagem*: Identificar activos de alto risco para venda a descoberto ou utilizar estratégias de cobertura para se proteger contra as quedas do mercado.
  - *Identificar pontos de reentrada*: Procurar sinais de que o mercado está a atingir o fundo antes de considerar a reentrada em posições longas.
  - *Ferramentas*: Utilizar a análise de volume e os indicadores de momentum para detetar potenciais inversões.

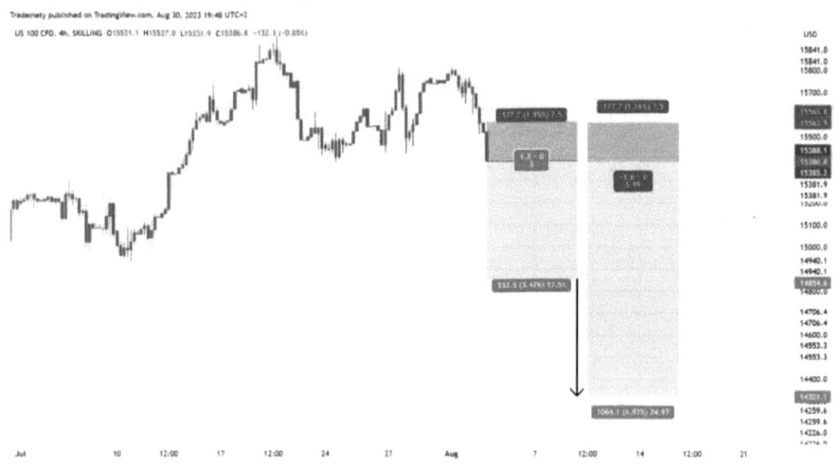

Figura 11: Exemplo de configuração de venda a descoberto com gestão de riscos

(ilustra uma estratégia clara de venda a descoberto e um quadro de gestão de riscos).

2.5. Evitar armadilhas psicológicas comuns

Mesmo os investidores experientes podem ser vítimas de armadilhas emocionais. Esta secção oferece conselhos práticos para manter a disciplina e a estabilidade emocional.

2.5.1. Gerir a negociação emocional

- **Criar um plano de negociação estruturado**:
  - *Componentes*: Regras de entrada e saída claramente definidas, estratégias de gestão do risco e processos de avaliação do desempenho.
  - *Importância*: Um plano de negociação bem estruturado minimiza as decisões impulsivas e proporciona clareza nas acções de negociação.

Figura 12: Exemplo de modelo de plano de negociação

- **Praticar a atenção plena e a redução do stress**:
  - *Explicação*: As técnicas de atenção plena, incluindo a meditação e os exercícios de respiração, ajudam os comerciantes a manter a concentração e a reduzir o stress.

- o *Sugestões práticas*: Incentivar pausas regulares, atividade física e escolhas de estilo de vida saudáveis para apoiar o equilíbrio emocional.

2.5.2. Registo e reflexão sobre as experiências de negociação

- **O valor de um diário de negociação**:
  - o *Objetivo*: Acompanhar as reacções emocionais às transacções, identificar padrões recorrentes e facilitar a melhoria contínua.
  - o *Exemplo de entrada*: Apresentar uma análise emocional de uma transação específica, destacando as principais percepções psicológicas.

CHARTS			Risk Level	Enter/Exit Startegy
Macro	Structure	Trading		
Uptrend	Uptrend	Uptrend	Very Low Risk	Multiple Targets + Runner
		Downtrend	High Risk	Non Tradeable Area
		Sideways	High Risk	Non Tradeable Area
	Downtrend	Uptrend	High Risk	Non Tradeable Area
		Downtrend	Medium risk	Single Target or with BE
		Sideways	High Risk	Non Tradeable Area
	Sideways	Uptrend	High Risk	Non Tradeable Area
		Downtrend	High Risk	Non Tradeable Area
		Sideways	High Risk	Non Tradeable Area
Downtrend	Uptrend	Uptrend	Medium risk	Single Target or with BE
		Downtrend	High Risk	Non Tradeable Area
		Sideways	High Risk	Non Tradeable Area
	Downtrend	Uptrend	High Risk	Non Tradeable Area
		Downtrend	Very Low Risk	Multiple Targets + Runner
		Sideways	High Risk	Non Tradeable Area
	Sideways	Uptrend	High Risk	Non Tradeable Area
		Downtrend	High Risk	Non Tradeable Area
		Sideways	High Risk	Non Tradeable Area
Sideways	Uptrend	Uptrend	Low Risk	Multiple Targets
		Downtrend	High Risk	Non Tradeable Area
		Sideways	High Risk	Non Tradeable Area
	Downtrend	Uptrend	High Risk	Non Tradeable Area
		Downtrend	Low Risk	Multiple Targets
		Sideways	High Risk	Non Tradeable Area
	Sideways	Uptrend	High Risk	Non Tradeable Area
		Downtrend	High Risk	Non Tradeable Area
		Sideways	High Risk	Non Tradeable Area

- o *Figura 13: Exemplo de um registo diário de negociação*

2.6. Conclusão

Resumindo as principais percepções: Compreender a psicologia dos ciclos de mercado proporciona aos investidores uma vantagem competitiva. Ao reconhecer os padrões emocionais e o seu impacto no comportamento do mercado, os investidores podem melhorar o seu timing de entradas e saídas, gerir os riscos de forma mais eficaz e evitar erros dispendiosos motivados pela emoção.

O papel crucial da disciplina emocional: O sucesso da negociação depende da manutenção da disciplina e da consciência das tendências cognitivas. Ao desenvolver a inteligência emocional e uma abordagem de negociação estruturada, os investidores podem navegar nos ciclos do mercado com maior eficácia.

Olhando para o futuro: O próximo capítulo abordará as ferramentas avançadas de análise técnica, incluindo a teoria das ondas de Elliott e os padrões harmónicos, dotando os investidores de métodos adicionais para interpretar e negociar os ciclos do mercado de forma eficaz.

Capítulo 3: A importância dos padrões gráficos na negociação

1. Introdução aos padrões de gráfico na negociação

Os padrões de gráfico são uma ferramenta essencial na análise técnica, oferecendo aos investidores representações visuais dos movimentos de preços que podem prever tendências futuras. Estes padrões reflectem a psicologia do mercado, captando as emoções colectivas de medo, ganância e incerteza. Ao analisar os padrões dos gráficos, os investidores podem identificar potenciais tendências de mercado, inversões e continuações. A eficácia destes padrões é ainda mais reforçada quando combinada com a análise diária de enviesamento, que ajuda a alinhar o sentimento do mercado com as decisões comerciais.

2. Porque é que os padrões gráficos são essenciais na negociação

Os padrões de gráfico fornecem informações críticas sobre a dinâmica do mercado, oferecendo inúmeras vantagens para os comerciantes.

2.1 Previsão dos movimentos do mercado

Os padrões de gráfico ajudam a prever o comportamento futuro dos preços, mostrando como a ação de preços passada é suscetível de se desenvolver. O reconhecimento precoce destes padrões dá aos investidores uma vantagem na identificação de potenciais entradas e saídas.

2.2 Análise do mercado de racionalização

Os padrões dos gráficos simplificam as complexidades dos movimentos do mercado, permitindo aos investidores tomar decisões mais rápidas e informadas. Isto ajuda a evitar a análise excessiva e melhora a execução das transacções.

2.3 Interpretação do sentimento e da psicologia do mercado

Os padrões dos gráficos são um reflexo direto do sentimento coletivo do mercado. Compreender estes padrões pode ajudar os investidores a avaliar se o mercado é movido pelo medo, ganância ou incerteza, e antecipar os movimentos de preços em conformidade.

2.4 Aumentar a eficácia da estratégia

Quando os padrões gráficos são combinados com outros indicadores técnicos e com a análise diária de tendências, oferecem uma estratégia de negociação mais fiável e robusta. Isto reduz o risco de falsos sinais e melhora a tomada de decisões.

3. Categorias de padrões gráficos

Os padrões gráficos podem ser classificados em três categorias principais:

- **Padrões de Reversão**: Indicam uma mudança na direção da tendência atual.
- **Padrões de Continuação**: Sugerem que a tendência predominante continuará após uma breve consolidação.
- **Padrões Bilaterais**: Sinalizam indecisão no mercado, com potenciais rupturas em qualquer direção.

4. Padrões de reversão

Os padrões de inversão sinalizam uma potencial mudança na direção da tendência, oferecendo aos investidores a oportunidade de entrar no início de uma nova tendência.

4.1 Padrão de cabeça e ombros

- **Formação**: Este padrão é composto por três picos - um pico central (a *cabeça*) ladeado por dois picos mais pequenos (os *ombros*). A *linha de pescoço* liga as duas depressões entre os ombros.
- **Estratégia de negociação**:
  - **Entrada**: Colocar o ativo a descoberto quando o preço quebrar abaixo da linha do pescoço.
  - **Stop-Loss**: Coloque o stop-loss logo acima do ombro direito.
  - **Tirar partido**: Meça a altura da cabeça até ao decote e projecte-a para baixo.
- **Integração da tendência diária**: Uma tendência diária de baixa reforça o poder preditivo do padrão, uma vez que o sentimento sugere que uma inversão é mais provável.

4.2 Topo duplo e fundo duplo

- **Double Top**: Um padrão de reversão de baixa que se forma após dois picos no mesmo nível de preço.
- **Fundo Duplo**: Um padrão de reversão de alta que se forma após duas baixas no mesmo nível de preço.
- **Estratégia de negociação**:
  - **Entrada**: Entrar na transação assim que o preço quebrar abaixo (para Double Top) ou acima (para Double Bottom) da linha de pescoço.
  - **Stop-Loss**: Colocá-lo logo acima (para Topo Duplo) ou abaixo (para Fundo Duplo) dos picos ou vales.
  - **Tirar proveito**: Medir a distância entre a parte superior/inferior e o decote e projectá-la.
- **Consideração da tendência diária**: Uma tendência diária de baixa reforça o caso de um Topo Duplo, enquanto uma tendência diária de alta aumenta a probabilidade de sucesso de um Fundo Duplo.

4.3 Cunhas ascendentes e descendentes

- **Cunha ascendente**: Um padrão de reversão de baixa formado dentro de uma tendência de alta por duas linhas de tendência convergentes.
- **Cunha descendente**: Um padrão de reversão de alta formado dentro de uma tendência de baixa por duas linhas de tendência convergentes.
- **Estratégia de negociação**:
  - **Entrada**: Entrar na transação numa fuga, confirmada por um aumento de volume.
  - **Stop-Loss**: Colocá-lo apenas fora do limite da cunha.
  - **Take-Profit**: Meça a altura da cunha e projecte-a para baixo (para a cunha ascendente) ou para cima (para a cunha descendente).
- **Impacto da tendência diária**: Uma tendência diária de baixa suporta uma cunha ascendente, enquanto uma tendência diária de alta favorece uma quebra de cunha descendente.

5. Padrões de continuação

Os padrões de continuação indicam uma pausa ou consolidação na tendência, após a qual é provável que a tendência continue.

5.1 Triângulos

- **Triângulo Ascendente**: Um padrão de alta caracterizado por uma resistência plana e uma linha de tendência de suporte ascendente.
- **Triângulo Descendente**: Um padrão de baixa caracterizado por um suporte plano e uma linha de tendência de resistência descendente.
- **Triângulo simétrico**: Um padrão neutro formado por linhas de tendência convergentes que indicam indecisão.
- **Estratégia de negociação**:
  - **Entrada**: Entrar na transação quando o preço sair do triângulo, confirmado pelo volume.
  - **Stop-Loss**: Coloque o stop-loss apenas fora do limite do triângulo.
  - **Take-Profit**: Medir a altura do triângulo e projectá-lo na direção da fuga.
- **Preconceito Diário**: Se o preconceito diário é de alta, o Triângulo Ascendente tem uma maior probabilidade de uma quebra bem sucedida, e vice-versa para um Triângulo Descendente.

5.2 Bandeiras e galhardetes

- **Bandeiras**: Um pequeno padrão de consolidação retangular que se inclina contra a tendência predominante.
- **Galhardetes**: Pequenos triângulos simétricos que se formam após um forte movimento de preços.
- **Método de negociação**:
  - **Entrada**: Entrar na negociação na direção da tendência anterior, após uma quebra do padrão.
  - **Stop-Loss**: Colocar ordens stop-loss fora do limite do padrão.

    - **Obter lucro**: Medir a altura do mastro (para Bandeiras) e projectá-la a partir do ponto de fuga.
- **Considerações sobre a tendência diária**: Uma tendência diária de alta favorece posições longas em padrões de bandeira e flâmula, enquanto uma tendência de baixa reforça o caso de posições curtas.

6. Padrões bilaterais

Os padrões bilaterais reflectem a indecisão do mercado, com potencial para rupturas em qualquer direção.

6.1 Triângulo simétrico

- **Formação**: Este padrão forma-se a partir de linhas de tendência convergentes e reflecte um mercado em equilíbrio. Uma rutura pode ocorrer em qualquer direção.
- **Estratégia de negociação**:
    - **Entrada**: Colocar ordens condicionais para capturar a fuga em qualquer direção.
    - **Stop-Loss**: Coloque ordens stop-loss fora dos limites do triângulo.
- **Integração da tendência diária**: A tendência diária pode ajudar a determinar a direção mais provável da quebra. Uma tendência de alta aumenta a probabilidade de uma quebra ascendente, enquanto uma tendência de baixa sugere uma quebra descendente.

7. A psicologia por trás dos padrões gráficos

Os padrões gráficos são mais do que simples formações técnicas - representam as reacções psicológicas e emocionais dos participantes no mercado.

7.1 Emoções de medo e cobiça

- **Exemplo**: Um padrão de Topo Duplo forma-se frequentemente quando os compradores não conseguem empurrar o preço para cima, causando uma venda motivada pelo medo.

- **Figura de exemplo**: Diagrama que mostra a dinâmica emocional num padrão Double Top.
- **Ligação da tendência diária**: Uma tendência diária de baixa aumenta a probabilidade de um padrão Double Top válido, já que o sentimento do mercado está mais alinhado com uma inversão.

7.2 Indecisão e dinâmica

- **Exemplo**: Os triângulos simétricos ocorrem durante períodos de indecisão do mercado, em que nem os compradores nem os vendedores têm o controlo. Um breakout significa o início de uma nova tendência.

  Confirmação de volume: Uma quebra com volume confirma uma mudança no sentimento do mercado, proporcionando maior probabilidade para o comércio.

8. Viés diário: a chave oculta para os padrões gráficos

A tendência diária refere-se ao sentimento geral do mercado com base em factores como a ação dos preços, níveis de suporte/resistência e eventos noticiosos. Ajuda a alinhar os padrões dos gráficos com as tendências mais alargadas do mercado.

8.1 Determinação do desvio diário

Avaliar o desvio diário:

- Analisar a ação do preço do dia anterior.
- Procure os principais níveis de suporte e resistência.
- Considerar as notícias ou acontecimentos fundamentais que afectam o mercado.

8.2 Aplicando o viés diário aos padrões do gráfico

- **Preconceito Diário de Alta**: Foco em padrões de alta (por exemplo, Triângulos Ascendentes, Quedas de Cunhas).
- **Preconceito Diário de Baixa**: Foco nos padrões de baixa (por exemplo, Triângulos Descendentes, Cunhas Ascendentes).

9. Guia passo a passo: Negociando o padrão de cabeça e ombros com viés diário

9.1 Identificação de padrões

- Identificar o ombro esquerdo, a cabeça e o ombro direito.
- Desenhe o decote através das calhas.

9.2 Confirmação do desvio diário

- Verifique se existe uma tendência diária de baixa, analisando a ação do preço anterior.
- Assegurar que o sentimento geral está alinhado com a direção do padrão.

9.3 Execução das transacções

- Entrar em posição curta após o preço quebrar abaixo da linha do pescoço.
- Definir um stop-loss logo acima do ombro direito.
- Projetar a altura do padrão para determinar o nível de lucro.

10. Conclusão

Os padrões de gráficos, combinados com a análise de enviesamento diário, fornecem um quadro abrangente para os investidores avaliarem os movimentos do mercado com maior confiança. Ao compreender a psicologia subjacente aos padrões dos gráficos e ao alinhá-los com o sentimento mais alargado do mercado, os investidores podem aumentar a sua probabilidade de sucesso. A integração do enviesamento diário garante que as transacções não se baseiam apenas em padrões isolados, mas também na tendência geral do mercado, tornando a abordagem mais robusta e fiável.

- **Abaixo os padrões de velas mais importantes**

Os padrões de velas são essenciais para interpretar o sentimento do mercado e tomar decisões de negociação. Aqui estão alguns dos padrões de velas mais importantes a reconhecer:

1. Doji

- Um Doji forma-se quando os preços de abertura e fecho são muito próximos ou iguais, resultando num corpo pequeno ou inexistente.
- Sinaliza indecisão no mercado e pode preceder inversões, especialmente quando se encontra no topo ou no fundo das tendências.
- Tipos: Doji padrão, Doji libélula, Doji lápide e Doji de pernas longas.

2. Martelo

- Aparece no fundo de uma tendência de baixa, com um corpo pequeno e um longo pavio inferior, que é pelo menos duas vezes o tamanho do corpo.
- Indica uma potencial inversão quando os compradores começam a empurrar o preço para cima, ultrapassando a pressão de venda inicial.

3. Martelo invertido

- Ocorre no final de uma tendência de baixa, semelhante a um martelo, mas com um longo pavio superior e um corpo pequeno.
- Sinaliza uma potencial inversão de alta, mostrando que os compradores tentaram fazer subir o preço, embora tenha fechado perto da abertura.

4. Homem pendurado

- Encontrado no topo de uma tendência de alta, semelhante em aparência a um martelo, mas sinaliza uma potencial inversão de baixa.
- Indica uma tentativa falhada de manter a dinâmica ascendente, uma vez que os vendedores conduziram o preço para baixo antes de fecharem perto da abertura.

5. Padrões de Engolfamento

- **Engolfamento de Alta:** Uma grande vela verde que envolve totalmente a vela vermelha anterior no final de uma tendência de baixa, sinalizando uma potencial inversão ascendente.
- **Engolfamento de Baixa:** Uma grande vela vermelha que envolve totalmente a vela verde anterior no final de uma tendência de alta, sugerindo uma possível inversão de baixa.

6. Estrela da manhã e Estrela da tarde

- **Estrela da Manhã:** Um padrão de reversão de alta de três velas que aparece na parte inferior de uma tendência de baixa. É composto por uma grande vela vermelha, uma vela de corpo pequeno (indicando indecisão) e uma grande vela verde.
- **Estrela da Noite:** Um padrão de reversão de baixa de três velas que aparece no topo de uma tendência de alta. Consiste em uma grande vela verde, uma vela de corpo pequeno, e uma grande vela vermelha.

7. Estrela cadente

- Aparece no topo de uma tendência ascendente com um corpo pequeno e um longo pavio superior.
- Assinala uma potencial inversão de baixa, uma vez que o preço é empurrado significativamente para cima, mas fecha perto da abertura, indicando uma rejeição de preços mais elevados.

8. Três soldados brancos e três corvos negros

- **Três Soldados Brancos:** Um padrão de reversão de alta composto por três velas verdes consecutivas com fechamentos progressivamente mais altos, mostrando uma forte pressão de compra.
- **Três Corvos Negros:** Um padrão de reversão de baixa com três velas vermelhas consecutivas com fechamentos mais baixos, indicando uma forte tendência de venda.

9. Padrões Harami

- **Harami de Alta:** Uma pequena vela verde dentro do intervalo de uma grande vela vermelha, sugerindo uma potencial inversão numa tendência de baixa.

- **Harami de Baixa:** Uma pequena vela vermelha dentro do intervalo de uma grande vela verde, indicando uma possível inversão numa tendência de alta.

10. Linha penetrante e nuvens escuras

- **Piercing Line:** Um padrão de reversão de alta onde uma grande vela vermelha é seguida por uma grande vela verde que fecha acima do ponto médio do corpo da vela vermelha.
- **Cobertura de Nuvem Escura:** Um padrão de reversão de baixa, onde uma grande vela verde é seguida por uma vela vermelha que fecha abaixo do ponto médio do corpo da vela verde.

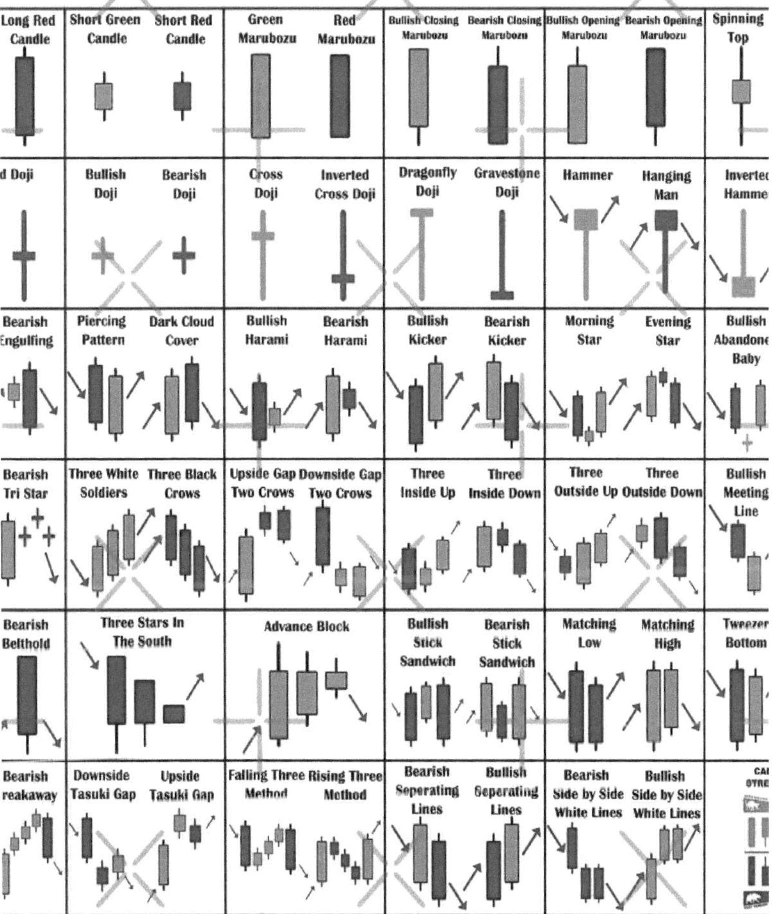
IE CANDLESTICK CHEATSHE
Long Red Candle
Short Green Candle
Short Red Candle
Green Marubozu
Red Marubozu
Bullish Closing Marubozu
Bearish Closing Marubozu
Bullish Opening Marubozu
Bearish Opening Marubozu
Spinning Top
d Doji
Bullish Doji
Bearish Doji
Cross Doji
Inverted Cross Doji
Dragonfly Doji
Gravestone Doji
Hammer
Hanging Man
Invertec Hamme
Bearish Engulfing
Piercing Pattern
Dark Cloud Cover
Bullish Harami
Bearish Harami
Bullish Kicker
Bearish Kicker
Morning Star
Evening Star
Bullish Abandone Baby
Bearish Tri Star
Three White Soldiers
Three Black Crows
Upside Gap Two Crows
Downside Gap Two Crows
Three Inside Up
Three Inside Down
Three Outside Up
Three Outside Down
Bullish Meeting Line
Bearish Belthold
Three Stars In The South
Advance Block
Bullish Stick Sandwich
Bearish Stick Sandwich
Matching Low
Matching High
Tweezer Bottom
Bearish reakaway
Downside Tasuki Gap
Upside Tasuki Gap
Falling Three Method
Rising Three Method
Bearish Seperating Lines
Bullish Seperating Lines
Bearish Side by Side White Lines
Bullish Side by Side White Lines

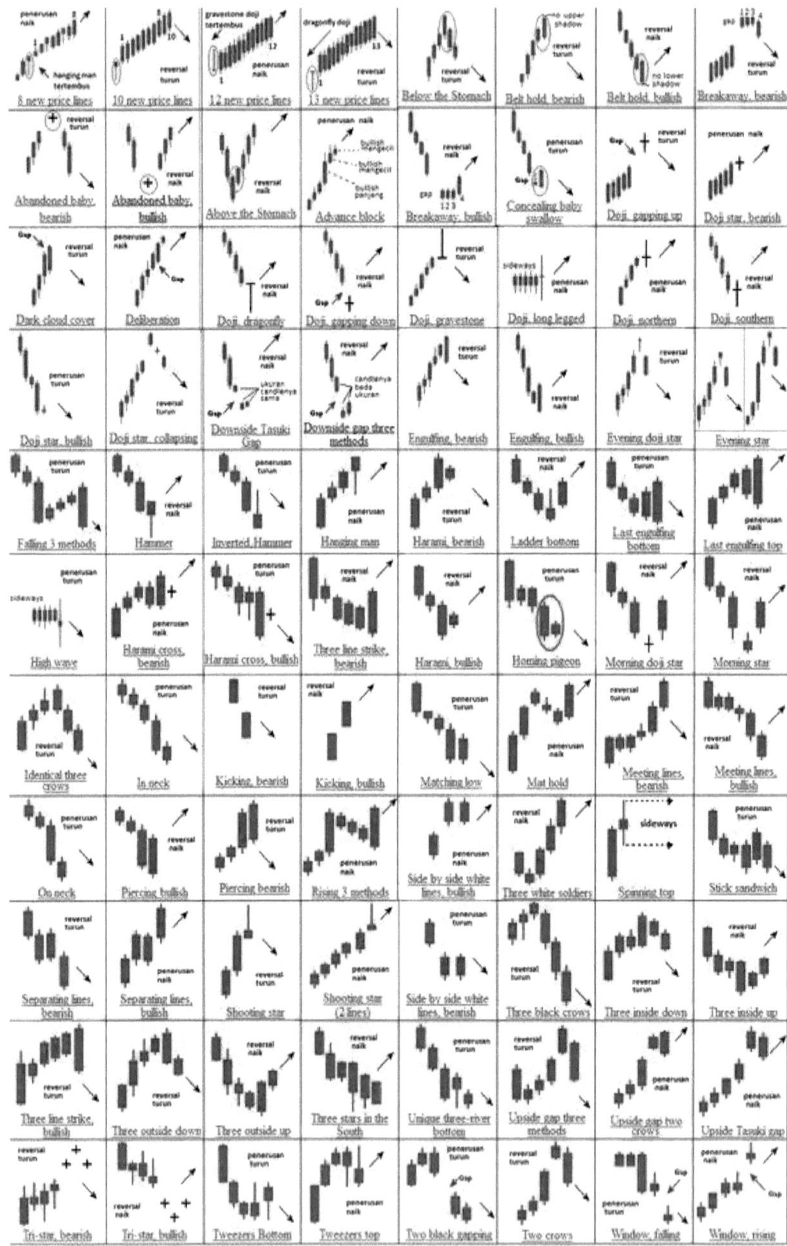
8 new price lines
10 new price lines
12 new price lines
13 new price lines
Below the Stomach
Belt hold, bearish
Belt hold, bullish
Breakaway, bearish
Abandoned baby, bearish
Abandoned baby, bullish
Above the Stomach
Advance block
Breakaway, bullish
Concealing baby swallow
Doji, gapping up
Doji star, bearish
Dark cloud cover
Deliberation
Doji, dragonfly
Doji, gapping down
Doji, gravestone
Doji, long legged
Doji, northern
Doji, southern
Doji star, bullish
Doji star, collapsing
Downside Tasuki Gap
Downside gap three methods
Engulfing, bearish
Engulfing, bullish
Evening doji star
Evening star
Falling 3 methods
Hammer
Inverted Hammer
Hanging man
Harami, bearish
Ladder bottom
Last engulfing bottom
Last engulfing top
High wave
Harami cross, bearish
Harami cross, bullish
Three line strike, bearish
Harami, bullish
Homing pigeon
Morning doji star
Morning star
Identical three crows
In neck
Kicking, bearish
Kicking, bullish
Matching low
Mat hold
Meeting lines, bearish
Meeting lines, bullish
On neck
Piercing bullish
Piercing bearish
Rising 3 methods
Side by side white lines, bullish
Three white soldiers
Spinning top
Stick sandwich
Separating lines, bearish
Separating lines, bullish
Shooting star
Shooting star (2 lines)
Side by side white lines, bearish
Three black crows
Three inside down
Three inside up
Three line strike, bullish
Three outside down
Three outside up
Three stars in the South
Unique three-river bottom
Upside gap three methods
Upside gap two crows
Upside Tasuki gap
Tri-star, bearish
Tri-star, bullish
Tweezers Bottom
Tweezers top
Two black gapping
Two crows
Window, falling
Window, rising

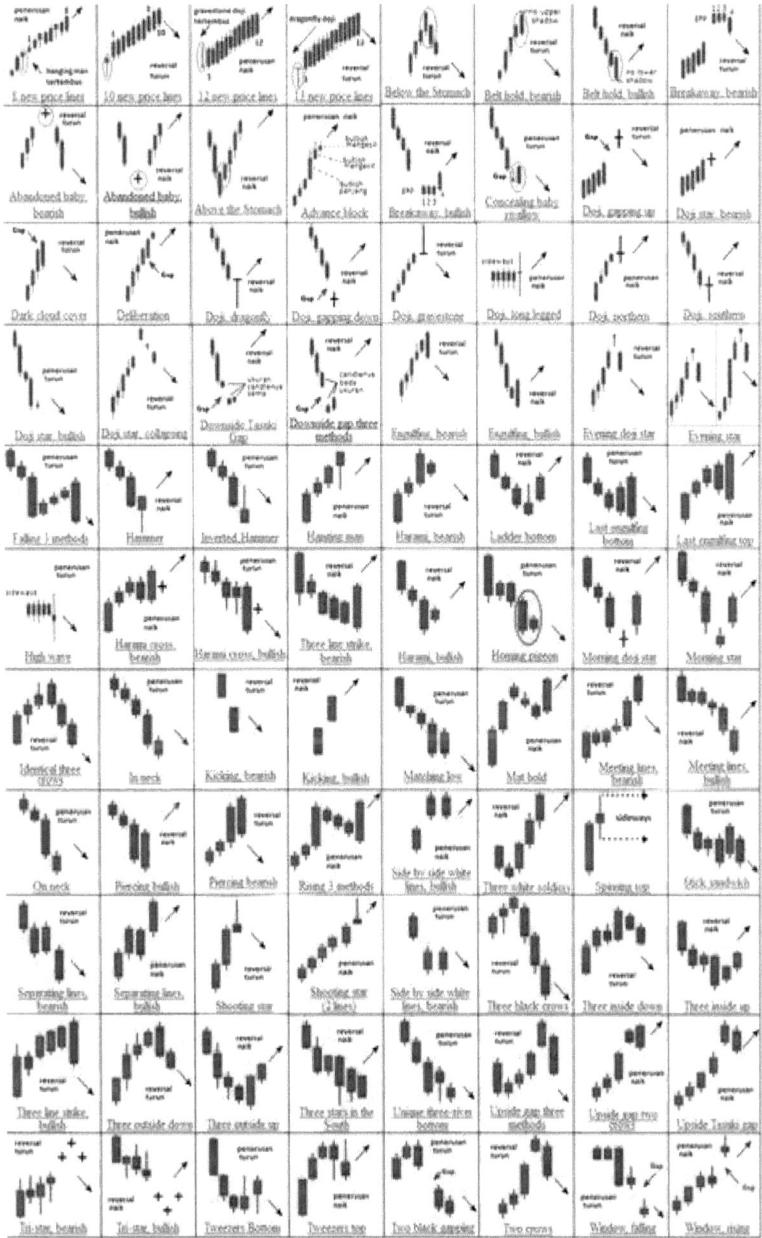
Below the Stomach
Belt hold, bearish
Belt hold, bullish
Abandoned baby, bearish
Abandoned baby, bullish
Above the Stomach
Advance block
Doji, gapping up
Doji star, bearish
Dark cloud cover
Deliberation
Doji, dragonfly
Doji, gapping down
Doji, gravestone
Doji, long legged
Doji, northern
Doji, southern
Doji star, bullish
Doji star, collapsing
Engulfing, bearish
Engulfing, bullish
Evening doji star
Evening star
Hammer
Inverted Hammer
Hanging man
Harami, bearish
Ladder bottom
High wave
Harami cross, bearish
Harami cross, bullish
Three line strike, bearish
Harami, bullish
Homing pigeon
Morning doji star
Morning star
Kicking, bearish
Kicking, bullish
Matching low
Mat hold
On neck
Piercing bullish
Piercing bearish
Spinning top
Separating lines, bearish
Separating lines, bullish
Shooting star
Three black crows
Three inside down
Three inside up
Three outside down
Three outside up
Tri-star, bearish
Tri-star, bullish
Tweezers Bottom
Tweezers top
Two crows
Window, falling
Window, rising

BULLISH CANDLESTICK PATTERN

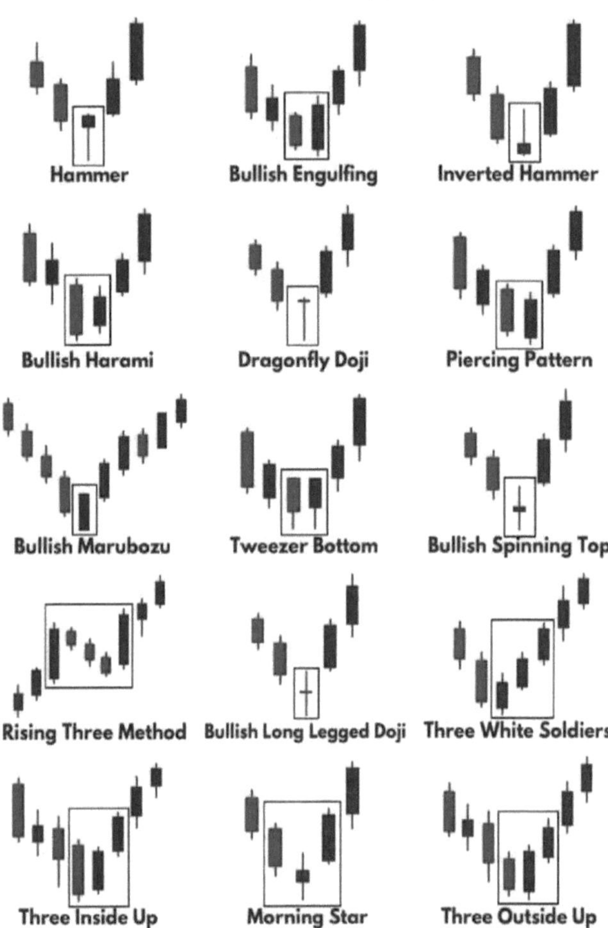

TYPES OF CANDLESTICK PATTERNS

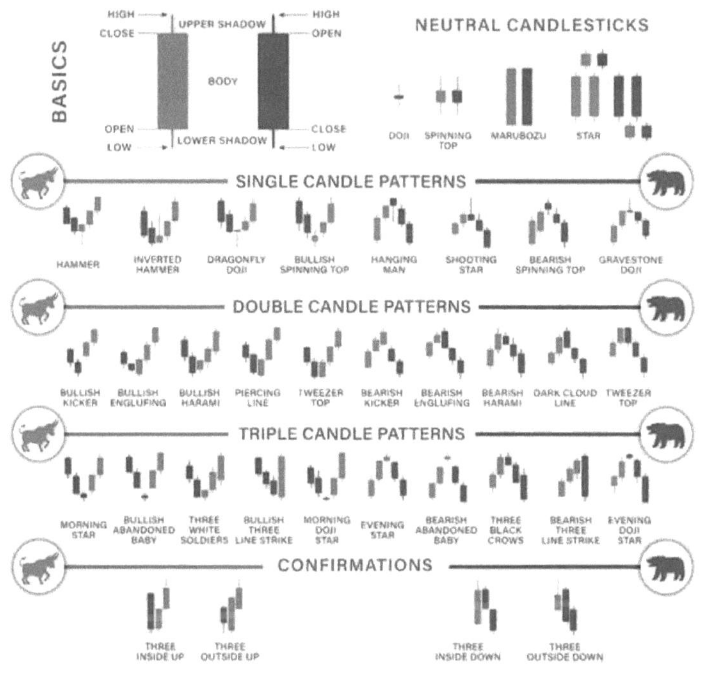

REVERSAL CHART PATTERNS

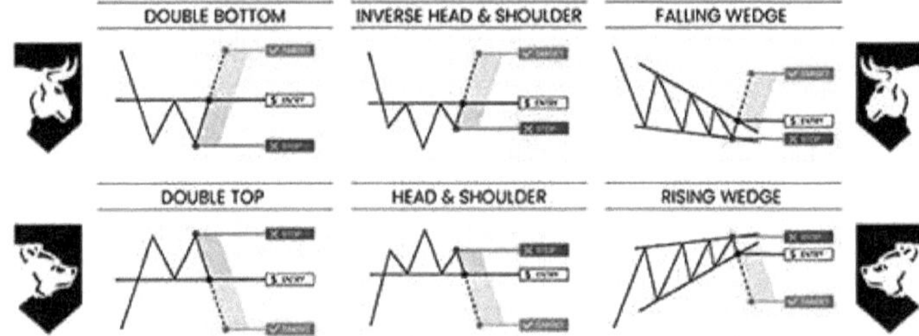

CONTINUATION CHART PATTERNS

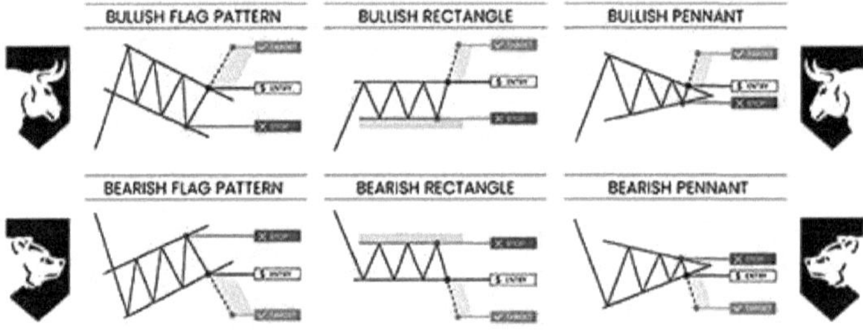

NEUTRAL CHART PATTERNS

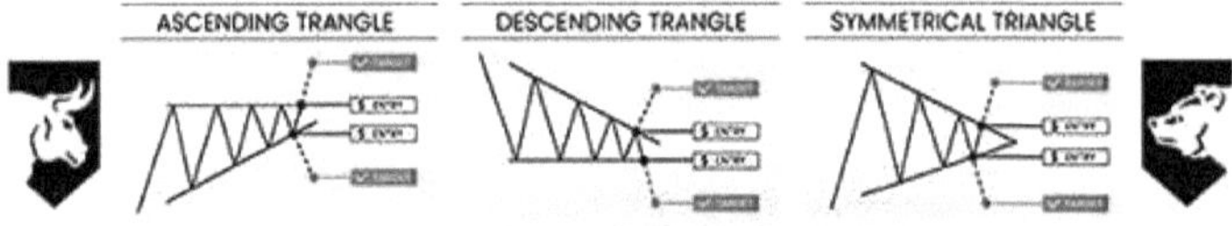

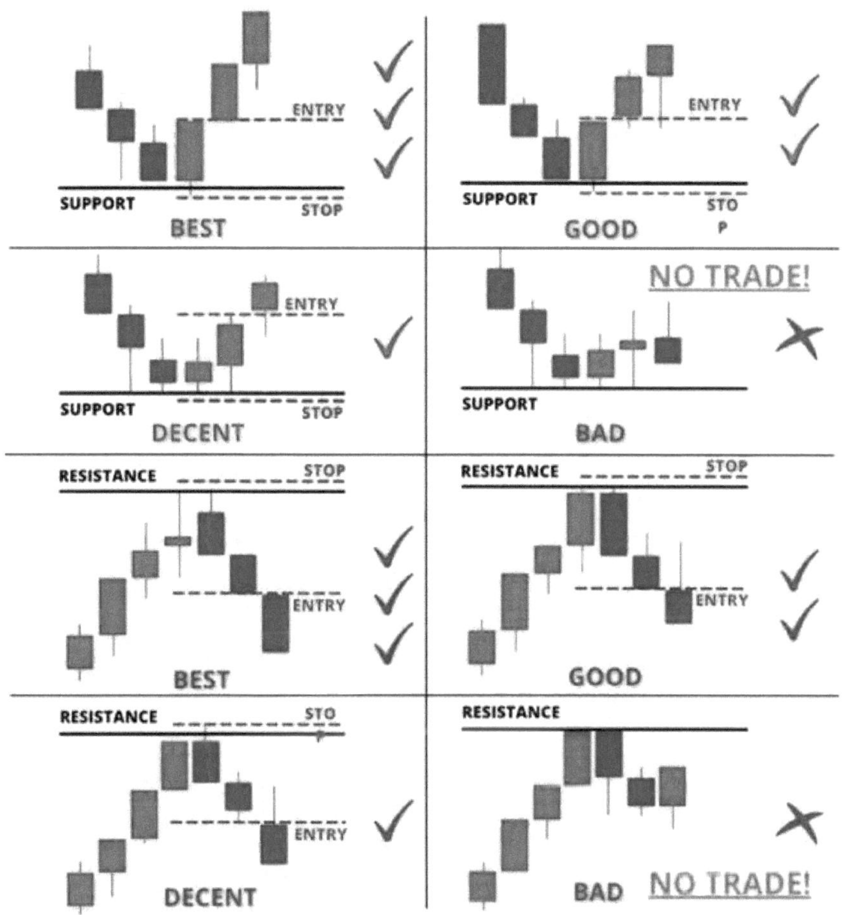
ENTRY
SUPPORT
STOP
BEST
ENTRY
SUPPORT
STO
P
GOOD
ENTRY
SUPPORT
STOP
DECENT
NO TRADE!
SUPPORT
BAD
RESISTANCE
STOP
ENTRY
BEST
RESISTANCE
STOP
ENTRY
GOOD
RESISTANCE
STO
P
ENTRY
DECENT
RESISTANCE
BAD
NO TRADE!

BEARISH CANDLESTICK PATTERN

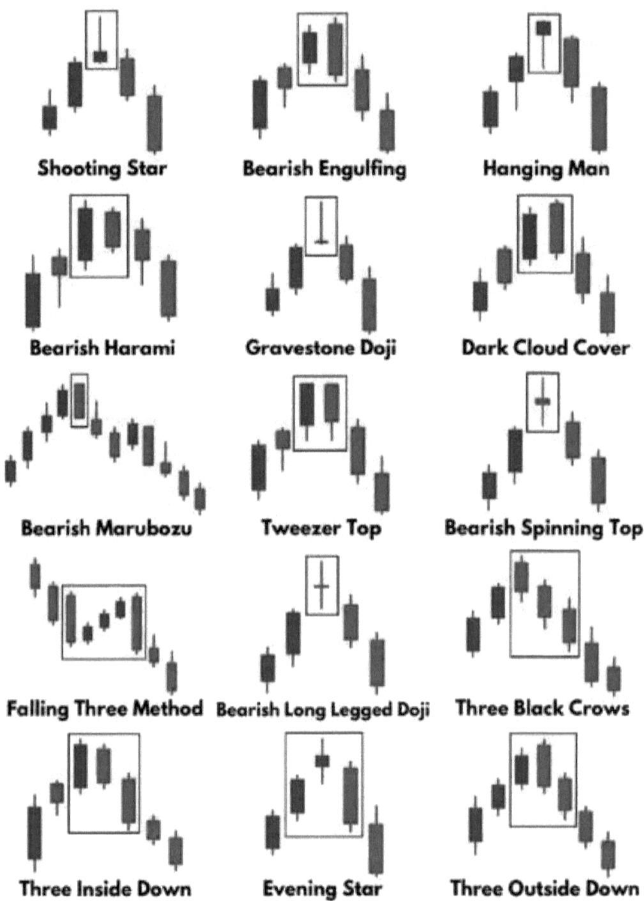

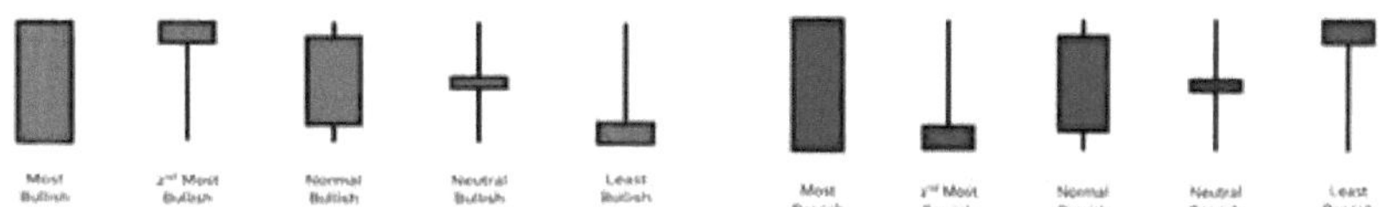

Candlestick Patterns Cheat Sheet

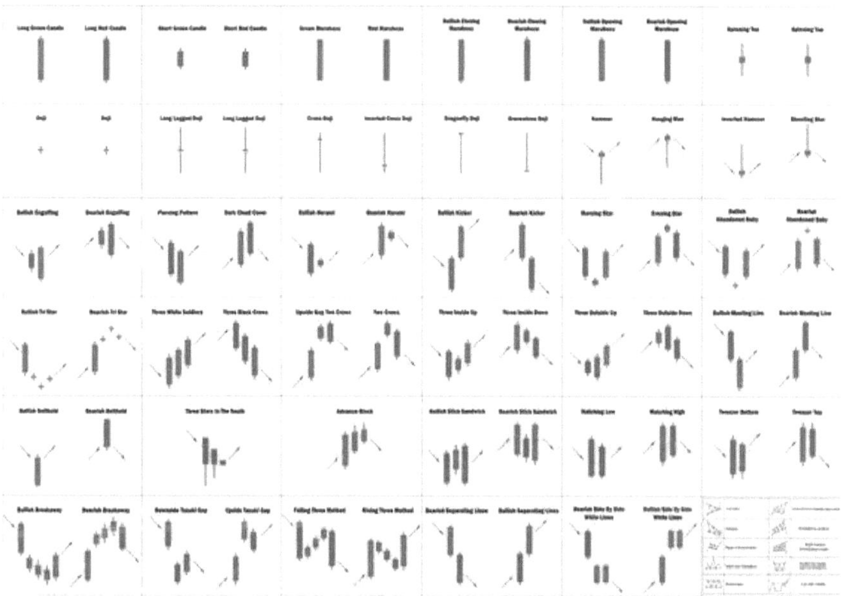

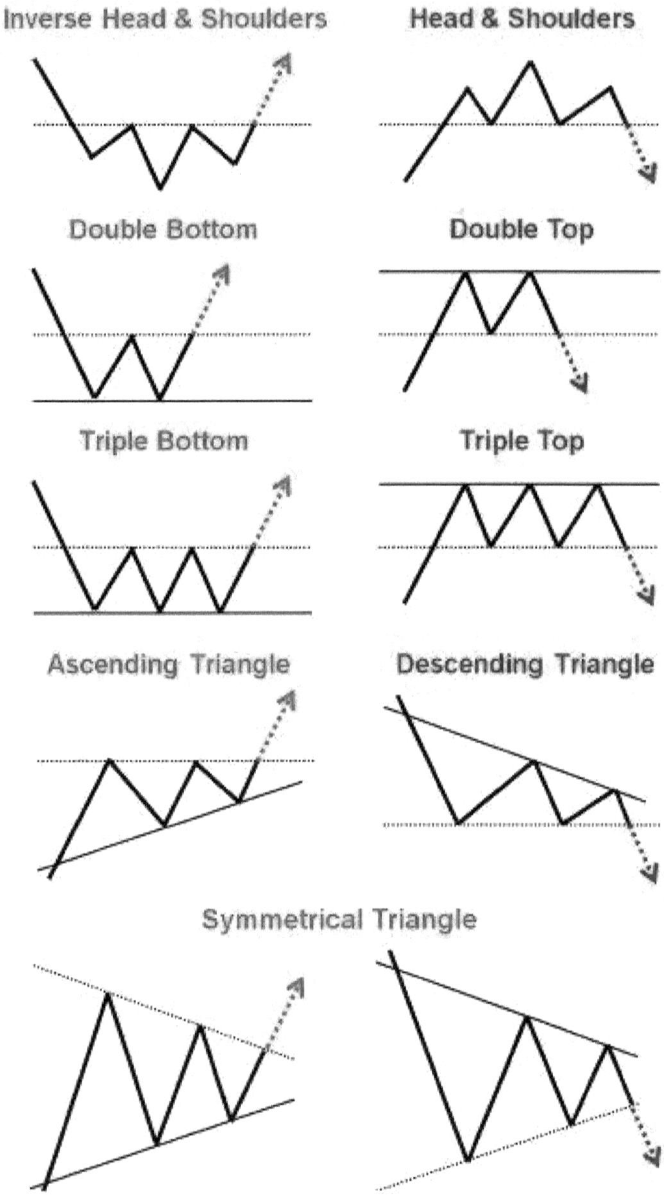

Inverse Head & Shoulders

Head & Shoulders

Double Bottom

Double Top

Triple Bottom

Triple Top

Ascending Triangle

Descending Triangle

Symmetrical Triangle

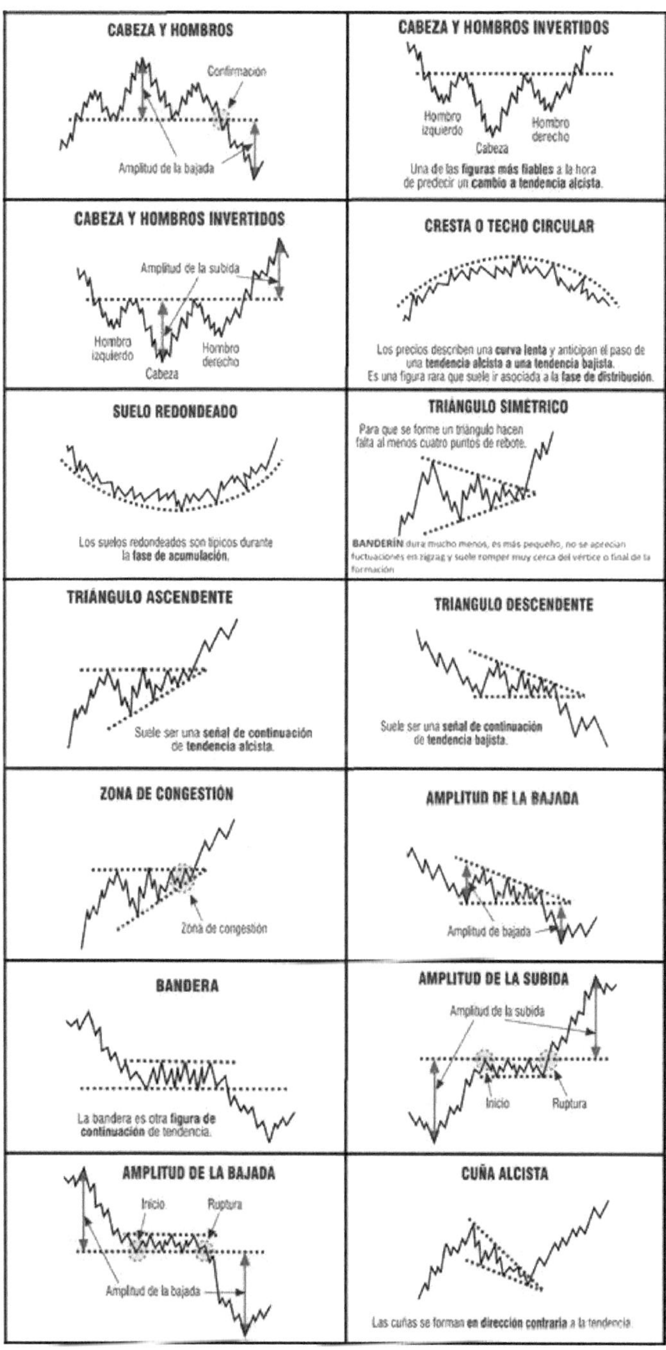
CABEZA Y HOMBROS
Confirmación
Amplitud de la bajada
CABEZA Y HOMBROS INVERTIDOS
Hombro izquierdo
Cabeza
Hombro derecho
Una de las figuras más fiables a la hora de predecir un cambio a tendencia alcista.
CABEZA Y HOMBROS INVERTIDOS
Amplitud de la subida
Hombro izquierdo
Cabeza
Hombro derecho
CRESTA O TECHO CIRCULAR
Los precios describen una curva lenta y anticipan el paso de una tendencia alcista a una tendencia bajista.
Es una figura rara que suele ir asociada a la fase de distribución.
SUELO REDONDEADO
Los suelos redondeados son típicos durante la fase de acumulación.
TRIÁNGULO SIMÉTRICO
Para que se forme un triángulo hacen falta al menos cuatro puntos de rebote.
BANDERÍN dura mucho menos, es más pequeño, no se aprecian fuctuaciones en zigzag y suele romper muy cerca del vértice o final de la formación
TRIÁNGULO ASCENDENTE
Suele ser una señal de continuación de tendencia alcista.
TRIANGULO DESCENDENTE
Suele ser una señal de continuación de tendencia bajista.
ZONA DE CONGESTIÓN
Zona de congestión
AMPLITUD DE LA BAJADA
Amplitud de bajada
BANDERA
La bandera es otra figura de continuación de tendencia.
AMPLITUD DE LA SUBIDA
Amplitud de la subida
Inicio
Ruptura
AMPLITUD DE LA BAJADA
Inicio
Ruptura
Amplitud de la bajada
CUÑA ALCISTA
Las cuñas se forman en dirección contraria a la tendencia.

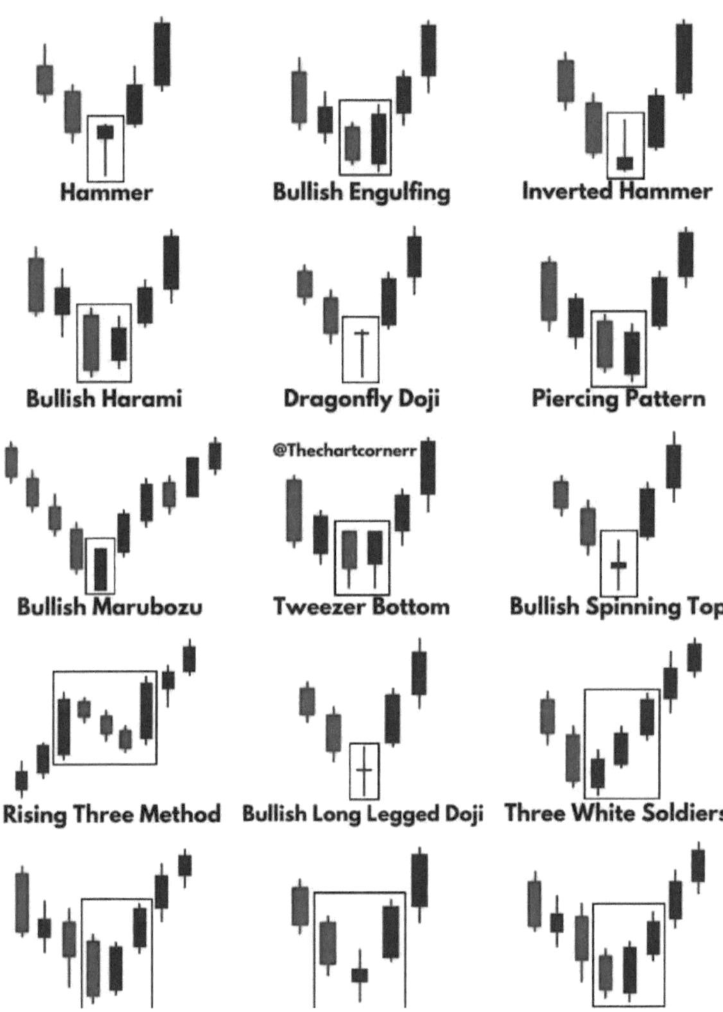
BULLISH CANDLESTICK PATTERN
Hammer
Bullish Engulfing
Inverted Hammer
Bullish Harami
Dragonfly Doji
Piercing Pattern
@Thechartcornerr
Bullish Marubozu
Tweezer Bottom
Bullish Spinning Top
Rising Three Method
Bullish Long Legged Doji
Three White Soldiers

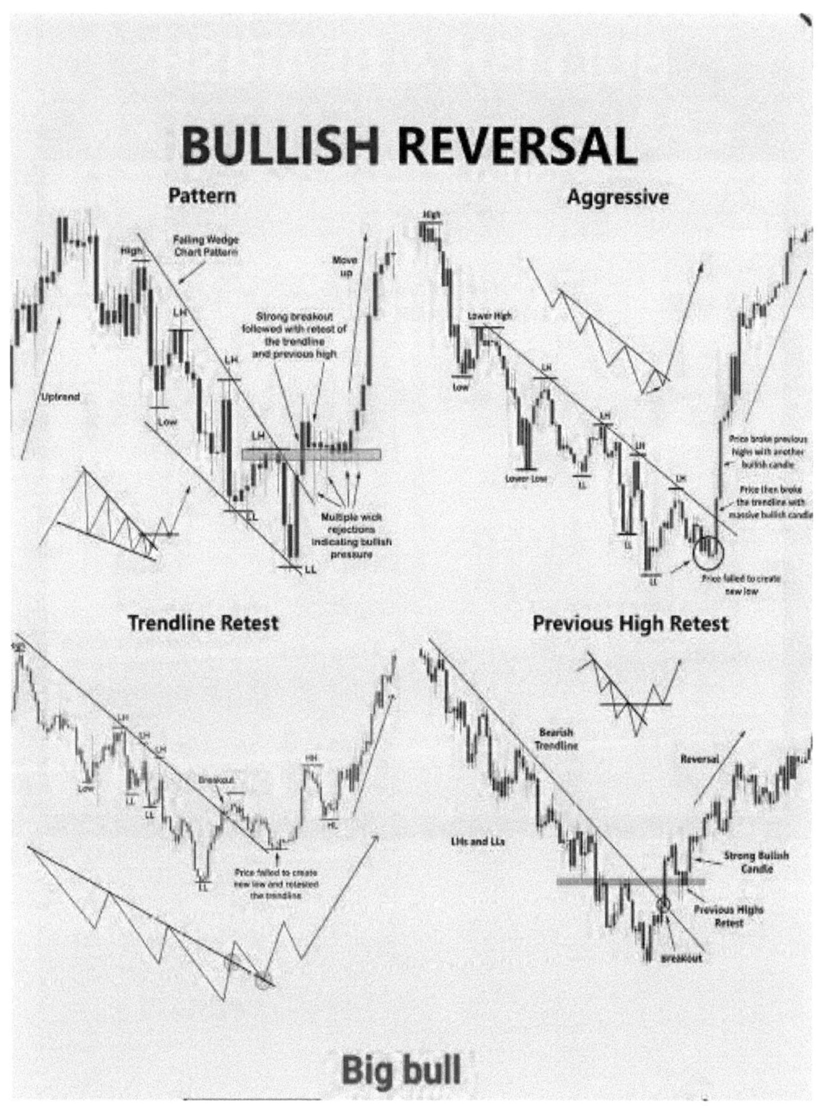
BULLISH REVERSAL
Pattern
Falling Wedge Chart Pattern
High
LH
Low
LH
Uptrend
Move up
Strong breakout followed with retest of the trendline and previous high
LH
LL
LL
Multiple wick rejections indicating bullish pressure
Aggressive
High
Lower High
Low
LH
Lower Low
LL
LH
LH
LH
LL
LL
Price broke previous highs with another bullish candle
Price then broke the trendline with massive bullish candle
Price failed to create new low
Trendline Retest
LH
LH
LH
Low
LL
LL
Breakout
HH
HL
LL
Price failed to create new low and retested the trendline
Previous High Retest
Bearish Trendline
Reversal
LHs and LLs
Strong Bullish Candle
Previous Highs Retest
Breakout
Big bull

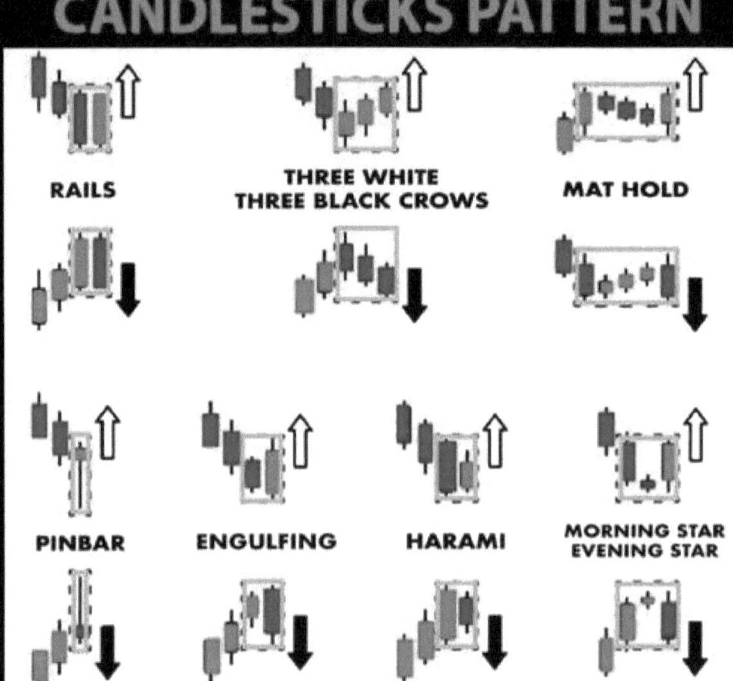
BULLISH & BEARISH
CANDLESTICKS PATTERN
RAILS
THREE WHITE
THREE BLACK CROWS
MAT HOLD
PINBAR
ENGULFING
HARAMI
MORNING STAR
EVENING STAR

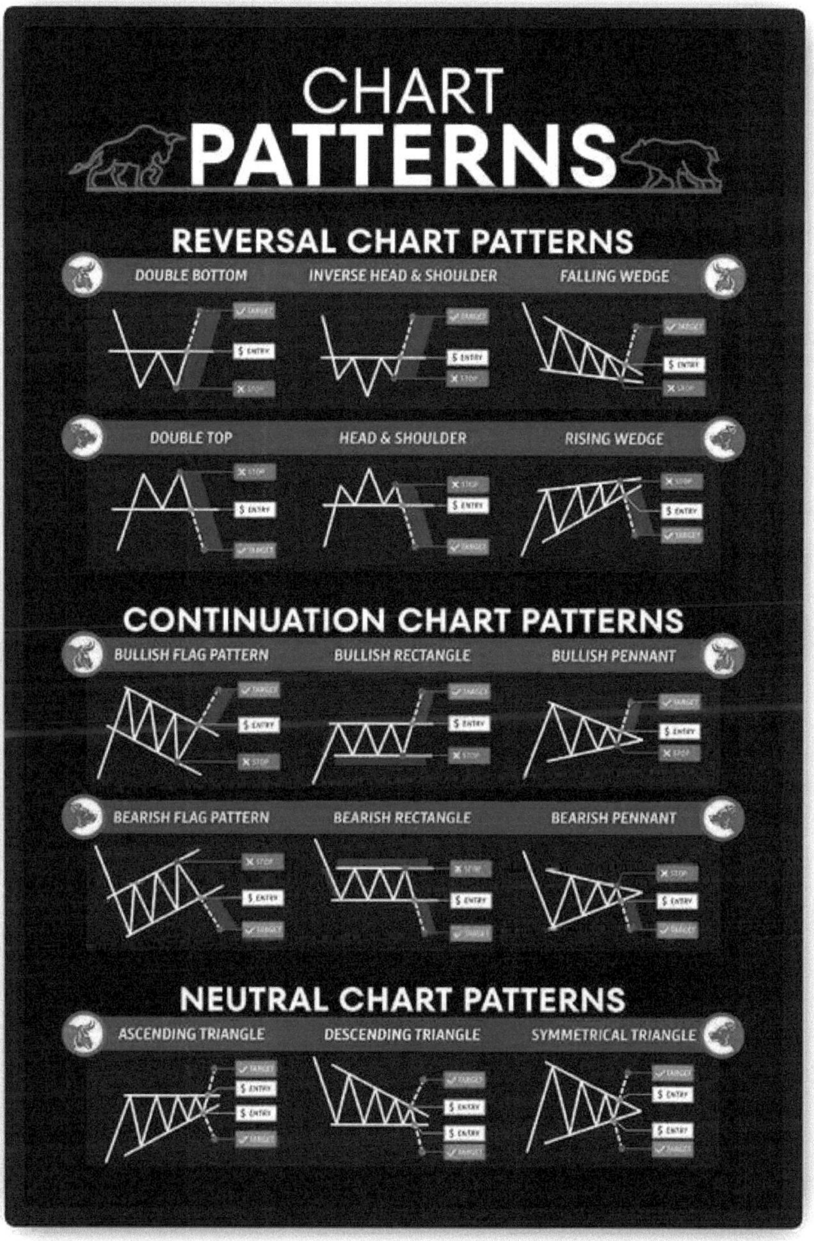

CHART PATTERNS

REVERSAL CHART PATTERNS

DOUBLE BOTTOM
INVERSE HEAD & SHOULDER
FALLING WEDGE

DOUBLE TOP
HEAD & SHOULDER
RISING WEDGE

CONTINUATION CHART PATTERNS

BULLISH FLAG PATTERN
BULLISH RECTANGLE
BULLISH PENNANT

BEARISH FLAG PATTERN
BEARISH RECTANGLE
BEARISH PENNANT

NEUTRAL CHART PATTERNS

ASCENDING TRIANGLE
DESCENDING TRIANGLE
SYMMETRICAL TRIANGLE

FIBONACCI SECRETS

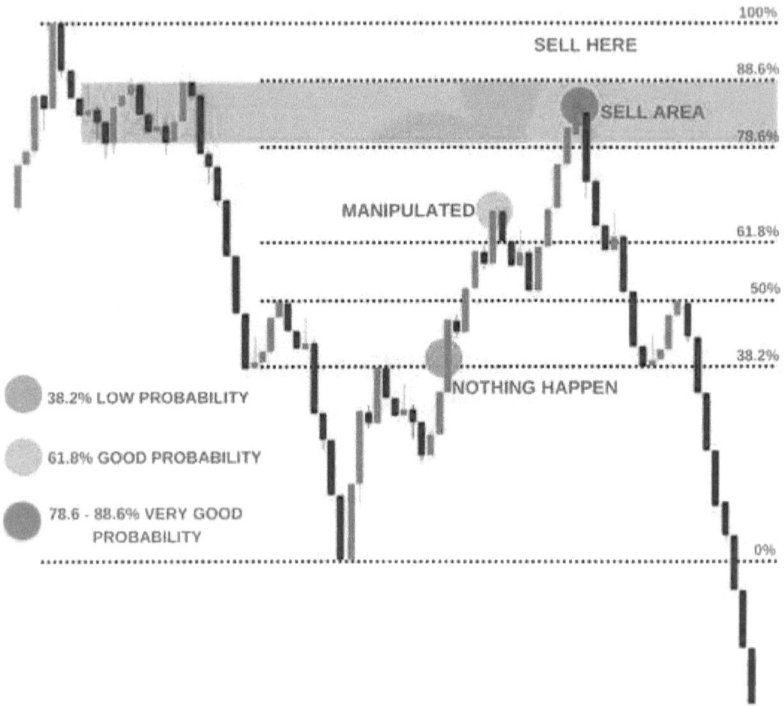

REVERSAL TYPES

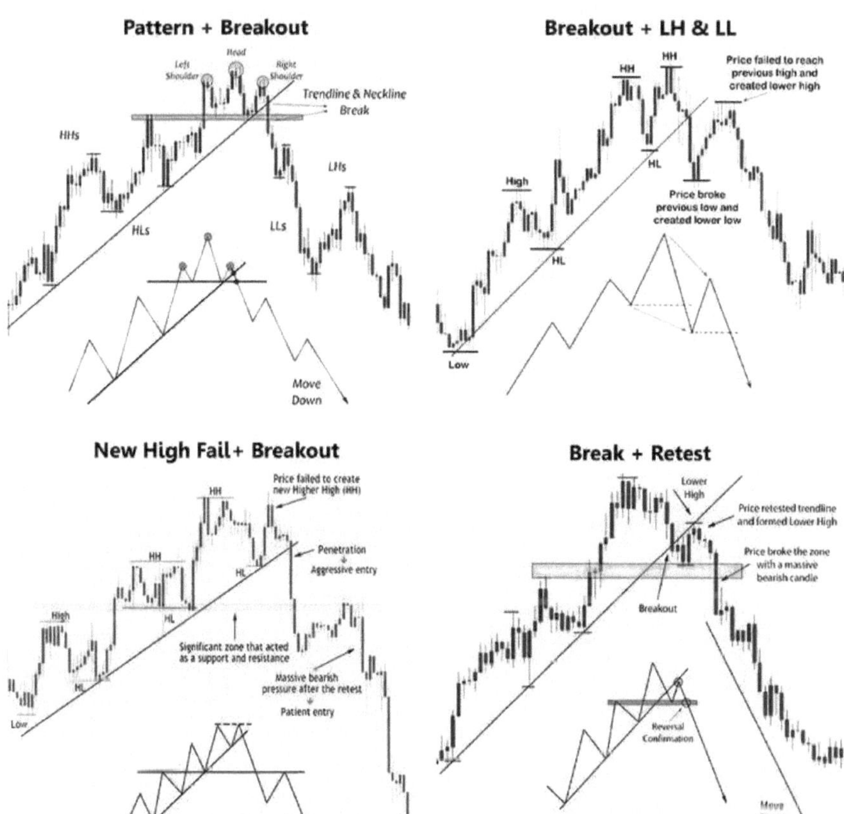

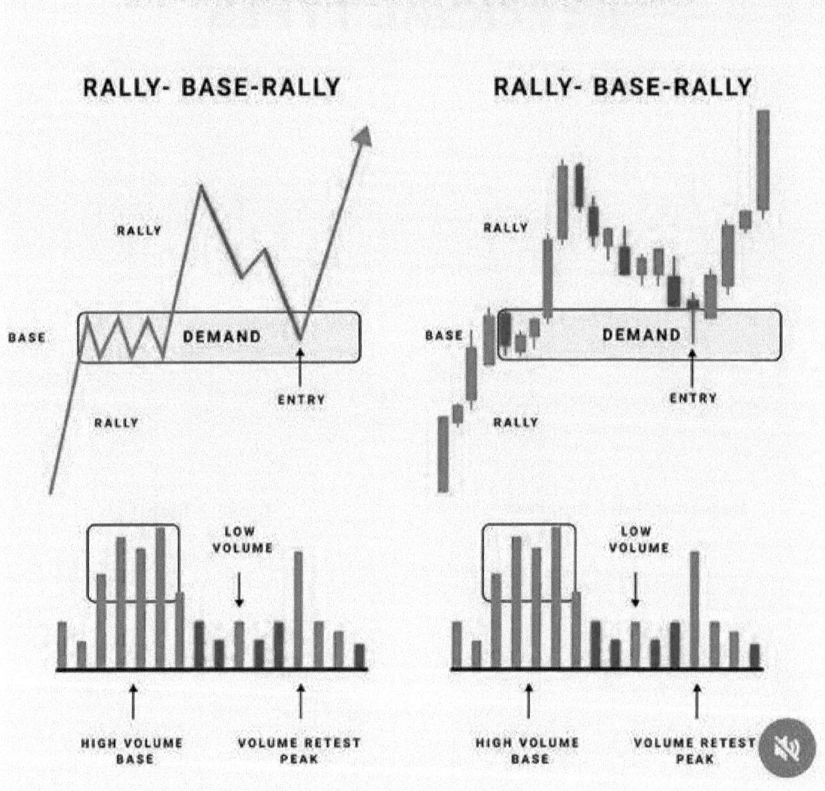
DEMAND ACTIVITY & VOLUME
RALLY- BASE-RALLY
RALLY- BASE-RALLY
RALLY
BASE
DEMAND
ENTRY
RALLY
RALLY
BASE
DEMAND
ENTRY
RALLY
LOW VOLUME
LOW VOLUME
HIGH VOLUME BASE
VOLUME RETEST PEAK
HIGH VOLUME BASE
VOLUME RETEST PEAK

HOW TO TRADE WITH FIBONACCI

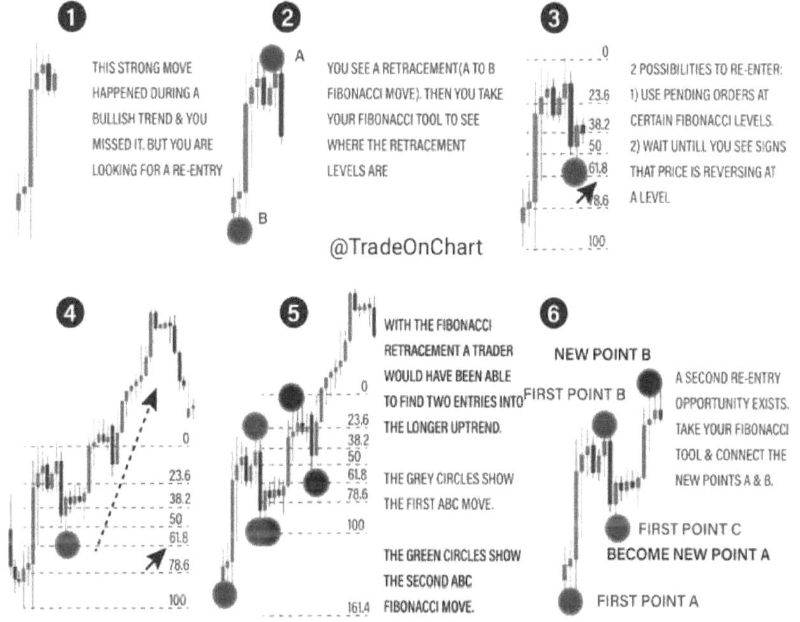

Conclusão geral

A análise de ondas e os padrões gráficos são ferramentas fundamentais na análise técnica, oferecendo aos investidores uma forma estruturada de interpretar e antecipar os movimentos do mercado. Através da análise de ondas, os investidores podem identificar ciclos de mercado repetidos, que reflectem a psicologia colectiva e o sentimento que impulsiona a ação dos preços. Os padrões gráficos, por outro lado, servem como indicadores visuais de mudanças na pressão de compra e venda, permitindo aos investidores identificar potenciais inversões ou continuações no mercado.

A combinação destes métodos aumenta a probabilidade de transacções bem sucedidas, fornecendo várias camadas de confirmação, tais como a identificação de padrões gráficos em pontos-chave dentro de um ciclo de ondas. Esta abordagem de confluência ajuda os investidores a distinguir entre sinais de mercado genuínos e volatilidade de curto prazo. No entanto, tanto a análise de ondas como os padrões gráficos têm limitações e requerem flexibilidade, uma vez que o comportamento do mercado pode ser influenciado por vários factores externos e nem sempre é previsível.

Para maximizar a eficácia, a análise de ondas e os padrões gráficos devem ser integrados numa estratégia de negociação mais ampla que inclua práticas de gestão de risco e indicadores suplementares. Esta abordagem abrangente permite aos investidores adaptarem-se às condições de mercado em mudança, melhorando a sua tomada de decisões e posicionando-os para um sucesso mais consistente nos mercados.

Referências

1. **Elliott, R.N.** (1938). *O Princípio da Onda.* Elliott Wave International.
   - Trabalho de base que introduz a Teoria das Ondas de Elliott, detalhando os conceitos de ciclos de ondas impulsivas e corretivas.
2. **Frost, A.J., & Prechter, R.R.** (2005). *Elliott Wave Principle: Key to Market Behavior* (*Princípio das Ondas de Elliott: Chave para o Comportamento do Mercado*). Biblioteca dos Novos Clássicos.
   - Um guia completo para compreender e aplicar a Teoria das Ondas de Elliott nos mercados financeiros.
3. **Bulkowski, T.** (2005). *Encyclopedia of Chart Patterns.* Wiley.
   - Um livro de referência detalhado que abrange vários padrões de gráficos, estatísticas e implicações práticas de negociação.
4. **Murphy, J.J.** (1999). *Technical Analysis of the Financial Markets (Análise Técnica dos Mercados Financeiros*). Instituto de Finanças de Nova Iorque.
   - Um texto essencial que abrange uma vasta gama de técnicas de análise técnica, incluindo padrões gráficos e teoria das ondas.
5. **Neely, G.** (1990). *Dominando Elliott Wave: Apresentando o Método Neely.* Windsor Books.
   - Uma abordagem única às Ondas de Elliott que fornece um método estruturado para identificar e aplicar os princípios das ondas.
6. **Nison, S.** (1991). *Técnicas de gráficos de velas japonesas.* Prentice Hall Press.
   - O guia definitivo sobre padrões de velas, uma ferramenta fundamental para identificar padrões de ondas e gráficos.
7. **Brown, C.** (1999). *Technical Analysis for the Trading Professional.* McGraw-Hill.
   - Explica os padrões de onda e as técnicas de elaboração de gráficos no contexto da negociação e do comportamento do mercado.
8. **Kaufman, P.J.** (2013). *Sistemas e métodos de negociação.* Wiley.
   - Fornece informações sobre vários sistemas técnicos, incluindo a forma como a análise de ondas se enquadra nos sistemas de negociação.
9. **Elder, A.** (2002). *Come into My Trading Room: A Complete Guide to Trading.* Wiley.
   - Oferece conhecimentos práticos sobre a utilização de padrões gráficos e a gestão de riscos na negociação.
10. **Magee, J., & Edwards, R.D.** (2007). *Technical Analysis of Stock Trends.* American Management Association.

- Aborda os padrões gráficos em pormenor e discute o seu significado na análise técnica.

11. **Schwager, J.D.** (1989). *Market Wizards.* HarperBusiness.

- Entrevistas com operadores de topo que partilham as suas perspectivas sobre análise técnica e padrões.

12. **Fisher, K.L., & Fisher, D.M.** (2003). *O comerciante lógico: Aplicando um método à loucura.* Wiley.

- Explora o reconhecimento de padrões e a lógica de mercado como ferramentas para identificar oportunidades comerciais.

13. **Minervini, M.** (2013). *Negocie como um mago do mercado de ações*. McGraw-Hill.

- Detalhes sobre a análise da ação dos preços, incluindo a identificação de padrões gráficos fortes.

14. **Haggerty, D.** (2012). *Practical Pattern Recognition for Trends and Corrections [Reconhecimento prático de padrões para tendências e correcções*]. Wiley.

- Uma abordagem prática à utilização de padrões na análise de ondas e correcções de mercado.

15. **Rosenberg, M.R.** (1996). *The Global Foreign Exchange Market: Practical Market Insights and Trading Techniques*. McGraw-Hill.

- Abrange vários padrões de gráficos e ondas no contexto da negociação Forex.

16. **Neely, G.** (2015). *Guia visual para a negociação de ondas de Elliott*. Bloomberg Financial.

- Um guia visual e fácil de entender para aplicar as Ondas de Elliott em negociações reais.

17. **Penn, C.** (2010). *Padrões de Gráfico e Fibonacci* em Análise Técnica. Wiley.

- Discute a relação entre os níveis de Fibonacci e os padrões de onda na negociação.

18. **Brooks, A.** (2012). *Trading Price Action Trends*. Wiley.

- Explora a negociação de acções de preços com ênfase na análise de tendências e na identificação de padrões de ondas.

19. **Morris, G.L.** (2006). *Candlestick Charting Explained*. McGraw-Hill.

- Cobertura pormenorizada dos padrões de velas e do seu papel na análise técnica.

20. **Zhou, X., & Sornette, D.** (2006). "Predictability of Large Future Changes in Major Financial Indices" [Previsibilidade de grandes mudanças futuras nos principais índices financeiros]. *Journal of Economic Behavior & Organization*.

- Discute os padrões de comportamento dos preços, oferecendo aos operadores informações sobre como antecipar as mudanças.

21. **Williams, B.** (1998). *Trading Chaos*. Wiley.

- Examina os padrões de onda através de uma lente não linear, utilizando a teoria fractal para explicar os movimentos do mercado.

22. **Prechter, R.R.** (2009). *Conquer the Crash: You Can Survive and Prosper in a Deflationary Depression* [*Você pode sobreviver e prosperar numa depressão deflacionária*]. Wiley.

- Salienta a importância da análise das ondas durante as recessões económicas e os colapsos financeiros.

23. **McLaren, I.** (2003). *Pattern Recognition and Trading Decisions (Reconhecimento de padrões e decisões de negociação)*. Harriman House.

- Métodos pormenorizados para reconhecer padrões e tomar decisões de negociação baseadas em dados.

24. **Kirkpatrick, C.D., & Dahlquist, J.R.** (2010). *Technical Analysis: The Complete Resource for Financial Market Technicians*. FT Press.

- Fornece uma análise aprofundada de padrões de gráficos e estruturas de ondas em vários mercados.

25. **Sperandeo, V.** (1991). *Trader Vic: Métodos de um mestre de Wall Street*. Wiley.

- Conhecimentos práticos sobre ciclos de mercado, padrões e estruturas de ondas na negociação técnica.

26. **Constance Brown, C.** (1999). *Technical Analysis for the Trading Professional*. McGraw-Hill.

- Explora padrões de ondas no contexto de indicadores técnicos e de dinâmica.

27. **Schabacker, R.W.** (1932). *Technical Analysis and Stock Market Profits*. Harriman House.

- Um dos primeiros textos que detalha os padrões gráficos e o comportamento do mercado.

28. **Lane, G.** (1997). *O Oscilador Estocástico de Lane: Teoria e Aplicação*. Lane Research.

- Centra-se nos osciladores estocásticos, frequentemente utilizados juntamente com a análise de ondas e padrões.

29. **Pring, M.J.** (2002). *Technical Analysis Explained (Análise Técnica Explicada)*. McGraw-Hill.

- Abrange uma vasta gama de conceitos técnicos, incluindo padrões de ondas e formações de gráficos.

30. **DeMark, T.R.** (1994). *A nova ciência da análise técnica*. Wiley.

- Introduz indicadores técnicos avançados que complementam a análise de ondas e padrões.

Printed by Books on Demand GmbH, Norderstedt / Germany